# Der Leitfaden zur emotionalen Intelligenz

Beherrschung psychologischer Techniken, um die Entwicklung Ihrer emotionalen Fähigkeiten zu beschleunigen, Ihren EQ zu steigern, soziale Fähigkeiten zu meistern und den gewünschten Erfolg zu erzielen



von

Daniel Wallaces

# Inhalt

# Einführung

Glauben Sie wirklich, dass in der hyperaktiven sozialen Welt von heute das Lösen komplizierter mathematischer Gleichungen und technischer Probleme das wahre Maß für die Intelligenz eines Menschen ist? Geht es bei der Intelligenz nur um kognitive Fähigkeiten und das Erinnerungsvermögen des Gehirns? Nun ja, vielleicht ist es so. Das lässt sich nicht leugnen.

Aber das ist nicht die einzige Art von Intelligenz, die man braucht, um in der heutigen Welt erfolgreich zu sein. Mehrere Forschungsstudien haben bestätigt, dass der emotionale Quotient oder die emotionale Intelligenz den Intelligenzquotienten übertrifft, wenn es darum geht, im Beruf, in Beziehungen und im Leben im Allgemeinen erfolgreich zu sein. Es ist eine Fähigkeit, die man sich aneignen sollte, wenn man das Leben meistern und nicht nur überleben will. Andere Formen der Intelligenz können Ihnen beim Überleben helfen. Aber emotionale Intelligenz wird Ihnen helfen, zu triumphieren!

Echte Macht entsteht, wenn man in der Lage ist, seine eigenen Emotionen und die Emotionen anderer Menschen zu kontrollieren. Der negative, selbstbeschränkende und destruktive Ballast, mit dem wir uns belasten, frisst unsere Energie auf und entzieht uns so physisch und psychisch die Kraft.

Stellen Sie sich einen Schrank vor, der mit unerwünschten, unnötigen Dingen gefüllt ist. Die unerwünschten Dinge haben keinen Wert für Sie. Und doch ist er in einem Platz eingepfercht, der für wertvollere und nützlichere Dinge genutzt werden kann. Nur weil Sie eine Menge unerwünschter Dinge haben, können Sie das, was Sie wirklich wollen, nicht darin unterbringen. Genau so funktionieren auch unsere Emotionen. Wenn wir voller negativer, unerwünschter und psychologisch schädlicher Emotionen sind, ist es schwer, sich auf positive Ziele zu konzentrieren.

Emotionale Intelligenz ist das Zaubermittel, das Ihnen die Macht gibt, Ihre eigenen Emotionen zu erkennen und zu steuern und gleichzeitig die Emotionen anderer Menschen zu erkennen und zu steuern, um eine lohnende und erfüllende Beziehung zu sich selbst und anderen zu genießen. Wenn wir die negativen und schädlichen Emotionen nicht ablegen, können wir keinen Platz für positive Gedanken, Gefühle und Ziele schaffen, die unser Leben bereichern.

Solange wir nicht die Fähigkeit beherrschen, unsere Gedanken und Emotionen zu steuern, können wir den unerwünschten Ballast negativer Gefühle und unangenehmer Emotionen nicht ablegen.

Stellen Sie sich ein Szenario vor, in dem sich zwei gleichermaßen talentierte, erfahrene, qualifizierte und fähige Menschen um eine Stelle bewerben. Einer von ihnen ist hochintelligent mit einem IQ von 160, während der andere einen durchschnittlichen IQ von 120 vorweisen kann.

Ersterer verfügt jedoch nicht über großartige Führungsqualitäten, ausgefeilte Ansätze zur Mitarbeiterführung oder die Fähigkeit, mit sozialen Beziehungen und Empathie umzugehen. Letzterer hingegen ist bekannt dafür, dass er eine hervorragende Führungspersönlichkeit ist, die die Kunst der Menschenführung und der sozialen Kompetenz beherrscht und die Emotionen anderer Menschen versteht und steuert.

Wer ist Ihrer Meinung nach wertvoller für das Unternehmen? Wer ist Ihrer Meinung nach in der Lage, die Mitarbeiter zu motivieren, ihre allgemeine Moral zu steigern und die Produktivität zu erhöhen? Wer wird Ihrer Meinung nach in der Lage sein, die Mitarbeiter effizienter zu betreuen und gleichzeitig die Arbeitszufriedenheit zu gewährleisten? Offensichtlich ist es der zweite Kandidat mit hoher emotionaler Intelligenz! Das ist das Gebot der Stunde.

Wir sind eine Summe von Emotionen. Unsere Emotionen beeinflussen alles, was wir tagtäglich tun. Unsere emotionalen Muster und unser Verhalten wirken sich direkt auf unsere Realität und unsere Erfahrungen aus. Alles beginnt mit Gefühlen und Emotionen, bevor es sich in der Realität manifestiert.

Wenn man Sie vor einigen Jahren nach den Faktoren gefragt hätte, die die Erfolgschancen eines Menschen beeinflussen, hätten Sie wahrscheinlich Intelligenz, technische Fertigkeiten, hochentwickelte kognitive Fähigkeiten und ähnliche Eigenschaften genannt. Vor einigen Jahrzehnten galt es als "Wahrheit", dass Menschen mit außergewöhnlich hoher Intelligenz eine gute Chance hatten, im Leben sehr erfolgreich zu sein, aber das ist heute nicht mehr so. Tut mir leid, dass ich Sie enttäuschen muss.

Wenn Ihre Eltern so waren wie meine, wurde Ihnen eingetrichtert: "Lerne fleißig, schreibe gute Noten, geh auf die Universität, studiere fleißig, mach deinen Abschluss mit Auszeichnung" - Sie kennen das, oder? Das war, kurz gesagt, der Weg zu einem erfolgreichen und lohnenden Leben. Das mag die Wahrheit sein, ich will sie nicht völlig verfälschen. Allerdings ist dies nur ein Teil der Wahrheit (und der weniger wichtige, wenn ich hinzufügen darf). Okay, vielleicht ist das ein bisschen zu viel.

Allerdings ist die emotionale Intelligenz für den Erfolg in der heutigen personen- und beziehungszentrierten Welt genauso wichtig wie der Intelligenzquotient, wenn nicht sogar wichtiger. Erfolg ist eine Verschmelzung mehrerer Faktoren - ein Großteil davon ist unsere Fähigkeit, mit unseren eigenen Emotionen und denen anderer Menschen umzugehen.

Der erste Aspekt der emotionalen Intelligenz besteht darin, unsere eigenen Emotionen und die Emotionen anderer Menschen sowie deren Wünsche, Motivatoren und Absichten zu erkennen. Der zweite Aspekt besteht darin, dieses Wissen über unsere Emotionen und die anderer

Menschen zu nutzen, um das konstruktivste Ergebnis für alle zu erreichen.

Seit dem bahnbrechenden gleichnamigen Buch des Autors und Psychologen Daniel Goleman, das 1995 veröffentlicht wurde, gibt es konsequente und kontinuierliche Forschung auf dem Gebiet der emotionalen Intelligenz. Obwohl das Konzept auch vorher schon vage existierte, wurde es erst nach Golemans Popularisierung Teil des Mainstream-Bewusstseins.

Wer sich in der Welt um sich herum zurechtfinden und handeln muss, muss sich die Fähigkeit aneignen, mit unterschiedlichen Persönlichkeiten umzugehen, und die Kunst erlernen, soziale Beziehungen zu meistern. Dies ist eine andere Art von Intelligenz, die in der realen, physischen Welt anwendbar ist.

Es handelt sich nicht um die immaterielle, akademische Intelligenz, die hinter den geschlossenen Wänden eines Klassenzimmers oder einer Bibliothek diskutiert wird. Als die emotionale Intelligenz in den Mittelpunkt des Interesses rückte, wurde der Intelligenzquotient als eine enge Sichtweise betrachtet. Die technischen Fertigkeiten, das Wissen und die kognitiven Fähigkeiten einer Person wurden zu einem viel engeren Maßstab für die Bewertung ihrer allgemeinen Erfolgschancen.

Die halsbrecherische Geschäfts- und Berufswelt unterscheidet sich von den Klassenräumen. Erfolg im wirklichen Leben hängt von der Fähigkeit ab, mit Menschen umzugehen und sinnvolle und lohnende Beziehungen zu ihnen aufzubauen, um die eigenen Ziele zu erreichen und ein vorteilhaftes Ergebnis zu erzielen. Beeindruckende Auszeichnungen und mehrere Abschlüsse garantieren nicht automatisch Erfolg im Leben, es sei denn, sie werden durch die Fähigkeit, mit Menschen umzugehen, ergänzt. Dann sind Sie eine schwer zu übertreffende Kombination!

Wussten Sie, dass ein Mensch im Durchschnitt 70.000 verschiedene Gedanken pro Tag verarbeitet? Wie wollen Sie die positiven, konstruktiven und vorrangigen Emotionen von den negativen und destruktiven trennen und organisieren? Emotionale Intelligenz beschränkt sich nicht nur auf die Fähigkeit, die Emotionen von uns und anderen zu erkennen und zu benennen. Es geht auch darum, diese Emotionen effektiv zu managen, um die eigenen beruflichen und persönlichen Beziehungen zu optimieren.

Oft erliegen die Menschen dem Wirrwarr negativer Emotionen, die in ihrem Kopf herumschwirren, und grübeln so über störende und negative Gedanken nach. Wenn sie mit Energie und Aufmerksamkeit gefüttert werden, werden diese negativen Emotionen noch mächtiger. Bevor wir es überhaupt merken, beherrschen negative Emotionen unser Leben. Dies behindert nicht nur unsere Fähigkeit, mit uns selbst in Kontakt zu treten, sondern hindert uns auch daran, gesunde und sinnvolle Beziehungen zu anderen aufzubauen. Eines der bedauerlichsten Dinge an unseren negativen Emotionen gegenüber anderen und uns selbst ist, dass die meisten von ihnen keine Tatsachen sind, sondern einfach

Wahrnehmungen, Meinungen, Selbstüberzeugungen und falsche Vorstellungen.

Zwei Nomadenmönche erreichten eine Flussfurt, wo sie auf eine schöne junge Prostituierte stießen. Aus Angst vor der Strömung des Flusses bat sie die Mönche, ihr beim Überqueren des Flusses zu helfen und sie auf die andere Seite zu tragen. Ein Mönch zögerte und ging weiter.

Der andere jedoch nahm sie sofort auf und schritt durch den tosenden Fluss, bis sie sicher auf die andere Seite gelangten. Der Mönch setzte die Frau leise am Flussufer ab. Sie war ihm dankbar und setzte ihre Reise fort.

Nachdem sie ein Stück des Weges gegangen war, grübelte der Mönch, der ihr keine Hilfe angeboten hatte, verstört und besorgt vor sich hin. Als er es nicht mehr zurückhalten konnte, sagte er zu dem anderen Mönch: "Bruder, wir sind Mönche. Unsere spirituelle Konditionierung verlangt von uns, dass wir uns von körperlichem Kontakt mit einer Frau fernhalten. Und du hast eine solche Frau auf deine Schultern genommen und getragen."

Der zweite Mönch entgegnete kühl: "Bruder, ich habe sie längst ans Ufer des Flusses gesetzt, während du sie noch immer auf den Schultern trägst."

So ähnlich verhält es sich mit unseren Gefühlen. Anstatt sie anzuerkennen und zuzulassen, dass sie vergehen, halten wir an negativen Emotionen, die keinem Zweck dienen, länger als nötig fest. Wenn wir emotionale Intelligenz entwickeln, fällt es uns leichter, unsere Reise fortzusetzen, indem wir unsere Emotionen steuern, statt uns von ihnen beherrschen zu lassen.

Wir geben unseren Emotionen mehr Macht, wenn wir uns von ihnen beherrschen lassen, anstatt zu lernen, sie zu kontrollieren. Dadurch verschiebt sich der Schwerpunkt von positiven und produktiven Aufgaben und Beziehungen. Indem wir mehr über emotionale Intelligenz lernen und sie bewusst entwickeln, indem wir die umsetzbaren, praktischen und effektiven Techniken nutzen, die ich in diesem Buch erwähne, lernen wir, die Dynamik unserer Gefühle und Emotionen zu verändern und ein bereicherndes Leben zu führen.

Ein hoher Intelligenzquotient kann Ihnen bestenfalls den Einstieg erleichtern. Um jedoch auf Dauer bestehen zu können, braucht ein Mensch mehr als reine, akademische und technische Intelligenz. Man braucht ausgeprägte soziale Fähigkeiten, um mit Menschen in Beziehung zu treten, ein harmonisches Verhältnis zu ihnen aufzubauen, sie zu inspirieren und sie zu überzeugen, das zu tun, was man von ihnen will. Dies lässt sich nicht allein mit stakkatoartiger kognitiver Intelligenz bewerkstelligen.

Wir brauchen überlegene Kommunikationsfähigkeiten, die Fähigkeit, die Emotionen unseres Gegenübers zu verstehen, eine gute Gesprächsführung, die Fähigkeit, Menschen intuitiv zu lesen, indem wir uns auf ihre Worte und Körpersprache einstellen, und vieles mehr. Um die Messlatte höher zu legen, sind Fähigkeiten im Umgang mit Menschen im wirklichen Leben erforderlich, nicht das

Lernen im Klassenzimmer oder das Lösen komplexer Berechnungen.

Wenn man davon ausgeht, dass der Intelligenzquotient die wahre Determinante für den Gesamterfolg einer Person im Leben ist, dann müsste doch jeder CEO, jede Berühmtheit, jeder Unternehmer, jede Führungspersönlichkeit und jeder Visionär ein Absolvent der Ivy League sein, oder? Ist das so? Nein!

Machen Sie jetzt Folgendes. Erstellen Sie eine Liste mit 20 Personen, die Sie am meisten bewundern. 20 bekannte Persönlichkeiten aus der Vergangenheit oder Gegenwart, deren Leben und Erfolg Sie wirklich bewundern. Dies sind die Menschen, nach deren Vorbild Sie Ihr eigenes Leben gestalten möchten. Sind sie alle Absolventen mit höchsten Auszeichnungen oder bekannt für ihre herausragenden akademischen Fähigkeiten/Intelligenz? Das ist unwahrscheinlich! Die meisten dieser Menschen verfügen über eine solide emotionale Intelligenz oder die Fähigkeit, Menschen zu führen und zu inspirieren. Sie haben die Fähigkeit, die Stimmung in der Bevölkerung und die Emotionen der Menschen einzuschätzen, um sie zu konstruktivem Handeln zu bewegen. Von Mahatma Gandhi über Martin Luther King Jr. und Nelson Mandela bis hin zu Oprah Winfrey und Prinzessin Diana - sie alle waren für ihre emotionale Intelligenz und ihr Einfühlungsvermögen bekannt, als das Konzept der emotionalen Intelligenz noch nicht einmal bekannt oder so populär war wie heute.

Wenn Sie ein Computerprogrammierer sind, was unterscheidet Sie dann von Millionen anderer Programmierer, die Profis im Programmieren sind? Wenn Sie ein sehr erfahrener Neurochirurg sind, was unterscheidet Sie von anderen erfahrenen Neurochirurgen, die bereits mehrere Operationen durchgeführt haben?

Wenn fast alle Fachleute auf demselben Gebiet über ähnliches technisches Know-how, Fachwissen, Fähigkeiten und Erfahrung verfügen, was ist dann die eine Eigenschaft, die sie auszeichnet? Ja, genau - ihre Fähigkeit, mit verschiedenen Menschen in Beziehung zu treten und Kontakte zu knüpfen.

Die Fähigkeit, mit Menschen umzugehen, ist also ebenso wichtig für Ihren Erfolg wie die Aneignung von Fachkenntnissen. Die Fähigkeit eines Arztes, sich in die Emotionen seiner Patienten einzufühlen und sie zu erkennen, ist wahrscheinlich genauso wichtig wie seine medizinischen Kenntnisse und Fähigkeiten. Menschen mit einem hoch entwickelten emotionalen Quotienten sind dafür bekannt, dass sie in dieser schnelllebigen, beziehungsorientierten Welt besser führen, inspirieren, verstehen, sich einfühlen und handeln können.

Bitte zitieren Sie mich hier nicht falsch. Ich spiele die Bedeutung oder Relevanz der kognitiven Intelligenz für Ihren Gesamterfolg nicht herunter. Schlagen Sie das Lehrbuch für Maschinenbau oder Zahnmedizin noch nicht zu. Es ist wunderbar, wenn Sie einen hohen

Intelligenzquotienten und ausgeprägte kognitive Fähigkeiten haben.

Ich will damit nur sagen, dass ein hoher Intelligenzquotient allein noch keine Garantie für Erfolg ist. Im Idealfall sollten wir eine Kombination aus beidem haben, um in dieser auf den Menschen ausgerichteten Welt auf Dauer zu überleben. Wenn diese beiden Intelligenzen sich gegenseitig ergänzen, erhöhen sich Ihre Erfolgschancen in der realen Arbeits- und Gesellschaftswelt. Wenn Sie neben einem hohen Intelligenzquotienten auch an Ihrem emotionalen Quotienten arbeiten können, werden Sie eine Stärke haben, mit der man rechnen muss.

# Kapitel Eins: Emotionale Intelligenz entschlüsselt

Tony und Jim haben beide einen schlechten Tag bei der Arbeit. Sie hatten gerade einen Streit mit einem Kollegen über die Aufteilung der Kosten für ein bestimmtes Projekt. Obwohl sie den Großteil der Arbeit an dem Projekt geleistet haben, beansprucht ein Kollege, der nicht viel an Zeit, Input, Bemühungen und mehr beigetragen hat, kühl die Anerkennung für das Projekt. Das verärgerte sie zutiefst.

Als Tony nach Hause kommt, findet er das Haus in Unordnung vor. Die Spielsachen seiner Kinder liegen überall herum, und sie spielen laut herum, anstatt im Bett zu sein. Tony fängt an, seine Kinder anzuschreien, weil sie mit ihren Spielsachen Unordnung machen und nicht im Bett sind.

Er wirft seiner Frau vor, dass sie nicht in der Lage ist, das Haus in Ordnung zu halten und die Kinder zu beaufsichtigen, während sie versucht, die Mahlzeiten zu besorgen. Die Kinder werden noch launischer und ärgerlicher, was zu Chaos und noch mehr Geschrei führt. Die Frau regt sich auf, und es kommt zu weiteren Streitereien.

In einem anderen Haus bietet sich Jim derselbe Anblick - überall liegt Spielzeug herum und die Kinder spielen ausgelassen, anstatt im Bett zu sein. Er schreit nicht. Stattdessen fragt Jim seine Kinder und seine Frau behutsam, wie ihr Tag war, während er seine Kinder darüber aufklärt, wie wichtig es ist, dass sie ihr Spielzeug an seinem Platz aufbewahren und pünktlich ins Bett gehen.

Er erklärt ihnen sanft, aber bestimmt, wie wichtig es ist, ein disziplinierteres Leben zu führen. Die Kinder hören auf ihn, heben ihre Spielsachen auf und gehen in ihr Zimmer. Was ist hier der Unterschied?

Tony weiß nicht, wie er mit seinen negativen Emotionen umgehen soll, die von dem Streit mit seinem Kollegen herrühren, bevor er nach Hause ging. Er hat seine Emotionen, die ein direktes Ergebnis des Streits mit seinem Kollegen waren, an seinen Kindern ausgelassen, weil er nicht in der Lage war, sie effektiv zu bewältigen. Die Wut richtet sich gegen Menschen, die nichts damit zu tun haben, und führt so zu weiteren Konflikten.

Jim hingegen versteht, dass er sich über seinen Mitarbeiter ärgert und nicht über seine Frau oder seine Kinder. Deshalb ist es sinnlos, sie anzuschreien. Es würde die Situation nur noch verschlimmern, anstatt sie zu lösen. Wenn er seine Frau und seine Kinder anschreit, macht er die Situation für alle Beteiligten nur noch schlimmer. Er lässt es nicht zu, dass seine Emotionen auf andere Aspekte seines Lebens übergreifen und geht effektiv mit ihnen um.

Im obigen Beispiel durchleben sowohl Tony als auch Jim die gleiche Situation und die gleichen Gefühle. Doch die Art und Weise, wie sie mit ihren Emotionen umgehen und sie ausdrücken, unterscheidet sich drastisch. Jim hat seine Emotionen erkannt und sie in den Griff bekommen, anstatt sich von ihnen beherrschen zu lassen und die Oberhand zu gewinnen. Tony hingegen wurde zum Sklaven seiner Emotionen und ließ zu, dass sie ihn kontrollierten.

Kurz gesagt, genau darum geht es bei der emotionalen Intelligenz. Es ist die Fähigkeit, unsere eigenen Emotionen und die Emotionen anderer Menschen zu erkennen und diese effizient zu kontrollieren, um ein angenehmeres, positiveres und lohnenderes Ergebnis zu erzielen.

Viele Menschen verstehen das Konzept der emotionalen Intelligenz immer noch nicht und stellen mir Fragen dazu. Kurz gesagt ist es unsere Fähigkeit, Emotionen/Gefühle wahrzunehmen, zu steuern, zu identifizieren und zu bewerten, um das gewünschte Ergebnis zu erzielen.

Der Begriff emotionale Intelligenz wurde 1995 von Daniel Goleman populär gemacht, obwohl er Mitte des 20. Jahrhunderts von Michael Beldoch geprägt wurde.

Emotionale Intelligenz ist die Fähigkeit, die eigenen Emotionen und die anderer zu beobachten, zwischen Gefühlen zu unterscheiden, Gefühle zu benennen und diese unschätzbaren, auf Emotionen basierenden Informationen zur Steuerung des eigenen Handelns, Denkens und Entscheidens zu nutzen.

Dies beschreibt die emotionale Intelligenz in einem breiteren oder allgemeinen Sinne, obwohl es in der sozialpsychologischen wissenschaftlichen Gemeinschaft viele Diskussionen darüber gibt, was emotionale Intelligenz genau ist und was sie umfasst. Ein Aspekt, über den sich alle einig sind, ist, dass es sich um die Fähigkeit handelt, Emotionen zu erfassen, zu erkennen, zu verstehen und zu kontrollieren.

# Modelle der emotionalen Intelligenz

## Gemischtes Modell emotionaler Intelligenz

Das gemischte Modell der emotionalen Intelligenz basiert in erster Linie auf den 25 verschiedenen Merkmalen der emotionalen Intelligenz von Daniel Goleman, die von der Dienstleistungsmentalität über Teamgeist und Motivation bis hin zum Selbstbewusstsein reichen.

Es wird als gemischtes Modell bezeichnet, weil es emotionale Intelligenz mit mehreren Persönlichkeitsmerkmalen kombiniert. Dieses Modell der emotionalen Intelligenz basiert auf fünf Hauptkategorien, die jeweils eine bestimmte emotionale Kompetenz aufweisen.

1. **Selbsterkenntnis** - Selbsterkenntnis ist die Fähigkeit, Emotionen und Gefühle zu erkennen, wenn wir sie empfinden. Es geht darum, sich auf unser Inneres einzustellen und genau zu beurteilen, wie wir uns fühlen. Zur Selbsterkenntnis gehört nicht nur das Vertrauen in die eigenen Fähigkeiten, sondern auch das Erkennen der genauen Emotionen, die man erlebt, und ihrer emotionalen

Nachwirkungen. Nehmen wir zum Beispiel an, Sie haben einen hohen emotionalen Quotienten.

Jedes Mal, wenn Sie einem Kollegen begegnen, verspüren Sie fast unwillkürlich einen Anflug von Eifersucht, weil Sie glauben, dass er/sie in seiner/ihrer Arbeit besser ist als Sie und ein erfüllteres Leben führt. Obwohl Sie ihm/ihr gegenüber keine bösen Absichten hegen, mögen Sie ihn/sie deshalb nicht oder meiden ihn/sie.

Als emotional intelligenter Mensch werden Sie sich der Eifersucht, die Sie für den Kollegen empfinden, bewusst sein und sie sogar zugeben. Sie wissen genau, welche Gefühle Sie jedes Mal empfinden, wenn Sie ihm/ihr begegnen, und welche Auswirkungen diese Gefühle haben (Abneigung gegen ihn/sie).

Vergleichen Sie dies mit einer Person, deren Selbstbewusstsein und emotionale Intelligenz nicht sehr ausgeprägt ist. Sie wissen vielleicht nicht einmal, warum sie eine bestimmte Person nicht mögen, oder sie sind nicht bereit zu akzeptieren, dass sie tatsächlich eifersüchtig auf diese Person sind.

Die Selbsterkenntnis ist ein wichtiger Bestandteil der emotionalen Intelligenz, denn sie ermöglicht es Ihnen zu erkennen, was Sie fühlen. Sie können nur dann an Ihren Emotionen arbeiten oder sie steuern, wenn Sie erkennen, was Sie fühlen und welche Auswirkungen dies hat.

2. **Selbstregulation** - Wir glauben oft fälschlicherweise, dass wir keine Kontrolle über unsere Gefühle haben. Das ist

nicht wahr! Negative und unproduktive Emotionen können durch verschiedene Methoden der Selbstregulation bekämpft werden, z. B. durch Gebet, Meditation, angeleitete Visualisierung, Spaziergänge und so weiter.

Die Idee der Selbstregulierung besteht darin, impulsive Gedanken und Handlungen zu kontrollieren und kreativeres Denken, Integrität, die Übernahme von Verantwortung für unsere Handlungen und die mühelose Anpassung oder Bewältigung von Veränderungen zu zeigen.

3. **Motivation** - Motivation ist unsere Fähigkeit, nach der Erreichung einer Reihe von Zielen zu streben. Der Schlüssel dazu ist, dass wir unsere Gedanken positiv und ermutigend halten.

Dies kann auf vielfältige Weise geschehen, indem wir unsere Gedanken von negativen zu positiven umstrukturieren, unseren inneren Dialog ändern, negative und selbstbeschränkende Selbstgespräche umgestalten, einen Paradigmenwechsel in unseren Überzeugungen herbeiführen, negative/zerstörerische Überzeugungen infrage stellen und vieles mehr.

Dies kann durch Engagement, positives Denken, Initiative und den Hunger nach Erfolgen erreicht werden. Sie sind ständig bestrebt, sich zu engagieren, um eine größere Selbstverwirklichung zu erreichen. Motivation bedeutet, die verfügbaren emotionalen Informationen zu nutzen, um uns selbst und andere Menschen dazu zu bringen, ihr Bestes zu geben.

Als Führungskraft erkennen Sie zum Beispiel, dass ein Mitarbeiter eher intrinsisch motiviert ist, gute Arbeit zu leisten, als extrinsisch durch Geld oder Belohnungen. Wenn Sie diesen Mitarbeiter motivieren wollen, sein Bestes zu geben, würdigen Sie seine Bemühungen und das Ergebnis. Sie machen ihm detaillierte und konkrete Komplimente, die ihn dazu motivieren, in Zukunft noch mehr zu leisten.

4. **Empathie** - Empathie ist eine der wichtigsten Eigenschaften der emotionalen Intelligenz. Es ist die Fähigkeit, die Gefühle und Emotionen anderer nicht nur zu erkennen, sondern auch zu "fühlen". Es bedeutet, sich in die Lage des anderen zu versetzen, um genau zu verstehen, wie er/sie sich fühlt. Es geht darum, die Gefühle anderer Menschen zu verstehen, ihre Bedürfnisse vorauszusehen, anderen zu helfen, ihre positiven Seiten zu nutzen und eine starke Beziehung zu ihnen aufzubauen.

Empathie bedeutet, dass man eine Person versteht, auch wenn man nicht unbedingt mit ihr übereinstimmt. So kann eine Person anders sein als Sie oder eine andere Sichtweise haben als Sie. Auch wenn Sie nicht mit ihr übereinstimmen, verstehen Sie, woher sie kommt - das ist Empathie.

Obwohl Empathie mehrere Eigenschaften umfasst, geht es im Wesentlichen darum, die Emotionen anderer erleben und nachempfinden zu können.

5. **Soziale Kompetenz** - Die Fähigkeit, mit anderen Menschen in Beziehung zu treten, ist ein wichtiges Merkmal der emotionalen Intelligenz. Soziale Fähigkeiten können eine Reihe von Eigenschaften umfassen, wie z. B.

Zusammenarbeit, Kooperation, Teamwork, Beziehungsaufbau, Konfliktmanagement, Kommunikation, Führung, Einflussnahme, Verhandlung und Konfliktmanipulation.

Dieses Modell des emotionalen Quotienten misst die emotionale Intelligenz in Kombination mit dem Inventar emotionaler Kompetenzen und der Bewertung der emotionalen Intelligenz.

## Emotionale Intelligenz- und Fähigkeitsmodell

Das emotionale Intelligenz- und Fähigkeitsmodell wurde von Mayer und Salovey vorgeschlagen, die von emotionaler Intelligenz als der Fähigkeit sprachen, Emotionen genau zu erkennen, zu bewerten und hervorzurufen, um das Denken zu erleichtern, effektivere emotionsbasierte Erkenntnisse zu gewinnen und Emotionen zu regulieren, um die kognitive und emotionale Entwicklung zu fördern.

Das Gründerduo vertrat die Ansicht, dass eine Person idealerweise anhand von vier separaten, miteinander verknüpften Fähigkeiten bewertet werden sollte, um ihren gesamten emotionalen Quotienten zu messen. Die vier Fähigkeiten sind:

1. Erkennen von Emotionen. Das Identifizieren oder Erkennen von Emotionen umfasst das Einstellen auf

verbale und nonverbale Hinweise, um die Emotionen einer Person zu verstehen.

2. Erkennen oder Nutzen von Emotionen zur Erleichterung intellektueller Aktivitäten. Zum Beispiel, indem man die Emotionen von Menschen versteht, um Lösungen anzubieten oder die Situation zu überprüfen. Dieser Prozess hilft uns, unsere Aufmerksamkeit auf das Wesentliche zu lenken und entsprechend der Situation zu reagieren, was sich positiv auf die allgemeine Kreativität auswirkt.

3. Verstehen von Emotionen. Menschliche Emotionen sind ein Geflecht aus Komplexität. Sie sind nicht immer einfach und leicht zu verstehen. Eine einzelne Emotion kann mehrere Bedeutungen haben, die von mehreren Emotionen überlagert werden.

Emotionen helfen uns, den Geisteszustand einer anderen Person zu verstehen. Wir entwickeln ein besseres Verständnis dafür, warum Menschen fühlen, was sie fühlen. Emotionen haben viele Nuancen, und jede Emotion hat ihre eigenen Absichten, Denkmuster und Handlungen. Angenommen, eine Person ist durch etwas, das Sie gesagt haben, verletzt worden, dann können Sie ihren Gemütszustand sofort erkennen und wissen, warum sie auf eine bestimmte Weise denkt oder handelt/reagiert.

4. Emotionen regulieren. Dies ist die Fähigkeit, die Emotionen anderer Menschen zu steuern oder zu kontrollieren, indem man angemessen auf sie reagiert. Wenn z. B. eine Person wütend ist und Sie anschreit und Sie sie im Gegenzug anbrüllen, haben Sie ihre Emotionen nicht

erfolgreich unter Kontrolle. Sie zeigen damit eine niedrige emotionale Intelligenz. Wenn Sie dagegen die Person beruhigen, indem Sie verstehen, wie sie sich fühlt, indem Sie sie wissen lassen, dass Sie verstehen, woher sie kommt, zeigen Sie eine hohe emotionale Intelligenz. Der Umgang mit den eigenen Gefühlen und denen anderer Menschen ist ein wesentlicher Bestandteil der Entwicklung emotionaler Intelligenz.

## Golemans Rahmenprogramm für emotionale Intelligenz

Daniel Golemans Rahmenprogramm der emotionalen Intelligenz ist wahrscheinlich das umfassendste und ausgefeilteste Modell der emotionalen Intelligenz, auf das sich die meisten zeitgenössischen Studien und Anwendungen zur emotionalen Intelligenz stützen. Golemans Theorie der emotionalen Intelligenz erklärt, dass die emotionale Intelligenz ein entscheidender Faktor für den beruflichen, sozialen und zwischenmenschlichen Erfolg einer Person ist.

Goleman diskutierte den emotionalen Quotienten als ein Konzept, das vier verschiedene Quadranten umfasst. Während einige Quadranten mit den persönlichen Fähigkeiten einer Person zusammenhängen, sind die anderen untrennbar mit ihren sozialen Fähigkeiten verbunden.

Golemans Theorie erlangte weltweite Popularität, weil sie die emotionale Intelligenz als eine Fähigkeit beschrieb, die entwickelt werden kann, im Gegensatz zum Intelligenzquotienten oder den kognitiven Fähigkeiten, die in erster Linie durch die Genetik beeinflusst werden.

Die persönlichen Kompetenzen werden in Selbstwahrnehmung und Selbstmanagement unterteilt, während die sozialen Kompetenzen in soziales Bewusstsein und soziale Fähigkeiten unterteilt werden.

Während es bei der Selbstwahrnehmung darum geht, unsere Emotionen und ihre Auswirkungen auf uns und andere Menschen, mit denen wir interagieren, zu erkennen, ist die Selbstregulierung oder das Selbstmanagement die Fähigkeit, unsere Emotionen zu steuern oder zu kontrollieren, um sicherzustellen, dass sie uns nicht beherrschen.

Soziales Bewusstsein umfasst u. a. Bewusstsein, Dienstleistungsdenken, Beziehungsmanagement, Führung, Entwicklung und Motivation anderer Menschen, Einflussnahme, Katalysator für Veränderungen, Herstellung starker Verbindungen, Kommunikation, Empathie und Zusammenarbeit.

### *Selbsterkenntnis*

Selbsterkenntnis ist, wie der Name schon sagt, die Fähigkeit, unsere Gefühle und deren Auswirkungen zu erkennen.

Hier sind einige wichtige Eigenschaften und Kompetenzen von Menschen mit hoher Selbsterkenntnis:

- Sie sind in der Lage, die Auswirkungen von Emotionen auf ihre Gesamtleistung zu erkennen.
- Sie sind sich der Emotionen, die sie erleben, bewusst und wissen genau, warum sie bestimmte Emotionen fühlen oder erleben.
- Menschen mit hoher Selbsterkenntnis sind sich ihrer Stärken und Schwächen sehr bewusst.
- Sie sind selten unentschlossen und in der Lage, auch in stressigen, herausfordernden und unsicheren Situationen klare Entscheidungen zu treffen.
- Menschen mit hoher Selbsterkenntnis sind immer empfänglich für Feedback, neue Perspektiven, Vorschläge zur persönlichen Entwicklung und zum Lernen, und suchen sogar aktiv danach. Sie sind in der Regel auf der Suche nach neuen Wegen, um effektiver und produktiver zu sein und ihre Gesamtleistung zu verbessern. Sie haben nie das Gefühl, "alles zu wissen".
- Menschen mit hoher Selbsterkenntnis zeigen einen wunderbaren Sinn für Humor und nehmen sich selbst mit einem leichteren Filter wahr. Sie nehmen sich selbst nicht zu ernst und

sind in der Lage, auch in den schwierigsten Situationen Humor zu finden. Menschen mit selbstironischem Humor oder der Fähigkeit, über sich selbst zu lachen, sind selbstbewusst und emotional intelligent.

- Sie haben selten das Bedürfnis, mit dem Strom zu schwimmen. Menschen mit hoher emotionaler Intelligenz sind erfolgreich, wenn sie ihren eigenen Weg gehen oder allein dastehen, auch wenn ihre Stimme nicht mit der vorherrschenden Stimme übereinstimmt.

- Menschen mit hoher Selbsterkenntnis besitzen die Fähigkeit, eine Verbindung zwischen den Gedanken, Emotionen, Gefühlen und Handlungen anderer Menschen herzustellen.

***Selbstregulation***

Selbstregulation oder Selbstkontrolle ist die Fähigkeit, mit störenden Gefühlen und Emotionen sowie emotionalen Impulsen umzugehen, die zwischenmenschliche Beziehungen und Arbeitsleistung behindern können.

Menschen mit hoher Selbstregulation verfügen über die folgenden Kompetenzen:

- Hoch selbstregulierte Menschen besitzen die Fähigkeit, ihre emotionalen Impulse und schwierigen Emotionen mit Leichtigkeit zu bewältigen.

- Sie sind in der Lage, Vertrauen, Integrität, Glaubwürdigkeit, Authentizität und Verlässlichkeit zu schaffen. Menschen mit hoher Selbstregulation fällt es leicht, ihre Fehler zu akzeptieren und die Verantwortung für ihr Handeln zu übernehmen. Sie überlegen nicht lange, bevor sie andere für unethische Handlungen und mangelnde Integrität an den Pranger stellen.

- Menschen mit hoher Selbstregulation schaffen es, auch in den schwierigsten Situationen positiv, gelassen und unbeeindruckt zu bleiben.

- Sie besitzen die Fähigkeit, Verpflichtungen zu erfüllen und ihr Wort zu halten. Sie sagen nur selten etwas, was sie nicht so meinen.

- Sie können auch sehr gut mit Veränderungen umgehen und sich an neue Situationen und Szenarien anpassen. Menschen mit hoher Selbstregulation sind extrem anpassungsfähig und flexibel.

### *Soziales Bewusstsein*

Soziales Bewusstsein kann definiert werden als ein Verständnis oder Bewusstsein für die Gefühle anderer Menschen und ein Interesse an ihren Problemen oder Sorgen, als wären es die eigenen. Menschen, die über ein hohes soziales Bewusstsein verfügen, punkten mit Empathie. Sie sind in der Lage, sich in die Gefühlswelt anderer Menschen hineinzuversetzen. Menschen mit einem ausgeprägten sozialen Bewusstsein verfügen über die folgenden Eigenschaften:

- Sie zeigen ein ausgeprägtes Verständnis für die Sichtweise oder die Ansichten des anderen, auch wenn sie damit nicht einverstanden sind.
- Menschen mit hohem sozialem Bewusstsein freuen sich, wenn sie die Probleme, Herausforderungen und Sorgen anderer in irgendeiner Weise lindern können.
- Menschen mit hohem sozialem Bewusstsein erkennen die Leistungen anderer an und würdigen deren Stärken.

***Soziale Kompetenz***

Soziale Kompetenz ist die Fähigkeit, Menschen zu überreden, zu überzeugen und zu beeinflussen, das zu tun, was man will oder was für das Allgemeinwohl wichtig ist. Menschen mit hoher sozialer Kompetenz verfügen über die folgenden Fähigkeiten:

- Sie sind in der Lage, Konflikte auf unkomplizierte, ausgewogene und durchsetzungsfähige Weise zu bewältigen.
- Sie praktizieren eine flexible, anpassungsfähige und aufnahmefähige Kommunikation und sind offen für Feedback und Kritik. Sie reagieren selten negativ auf konstruktive Kritik.

- Menschen mit hoch entwickelten sozialen Kompetenzen besitzen die Fähigkeit, Menschen für eine gemeinsame Vision zu begeistern, zu motivieren und zu ermutigen. Sie sind in der Lage, mit gutem Beispiel voranzugehen und Menschen dazu zu bringen, ihr Bestes zu geben.

## Modell der emotionalen Intelligenz nach Merkmalen

Das Modell der emotionalen Intelligenz nach Merkmalen wurde 2009 von Petrides und seinen Kollegen zur Bewertung der emotionalen Intelligenz entwickelt. Es ändert die Perspektive gegenüber dem früheren fähigkeitsbasierten Modell und erörtert, wie Menschen bestimmte emotionale Eigenschaften und Selbstwahrnehmungen haben, die auf ihrer höchst individualistischen Persönlichkeit basieren.

Im Wesentlichen gehen sie davon aus, dass emotionale Intelligenz die Wahrnehmung einer Person hinsichtlich ihrer Fähigkeiten, Handlungen, emotionalen Fähigkeiten und ihres Verhaltens ist. Mit anderen Worten, es handelt sich um emotionale Selbstständigkeit oder Selbstgenügsamkeit. Die Eigenschaften werden nicht auf wissenschaftliche Weise bewertet. Vielmehr handelt es sich um ein Ergebnis der Selbstanalyse des Befragten. Der Fragenkatalog zu den emotionalen Merkmalen misst die

Fähigkeit des Einzelnen, seine eigenen Eigenschaften genau aufzulisten.

## Geschichte der emotionalen Intelligenz

Der Begriff der emotionalen Intelligenz wurde erstmals in den 90er Jahren von Peter Savoy und John Mayer verwendet, um sie als eine Form der sozialen Intelligenz oder der Intelligenz im Umgang mit Menschen zu beschreiben.

Sie wurde mit der Fähigkeit in Verbindung gebracht, die eigenen Gefühle und Emotionen und die anderer zu regulieren, sowie mit der Fähigkeit, zwischen Emotionen zu unterscheiden und diese wertvollen Informationen zur Steuerung unserer Gedanken, Handlungen und Verhaltensmuster zu nutzen. Das Duo Salovey und Mayer initiierte eine Forschungsstudie zur Messung der emotionalen Intelligenz einer Person und zur Erforschung ihrer Bedeutung für unser Verhalten.

In einem Experiment wurden mehreren Teilnehmern emotional aufwühlende Filme gezeigt. Dabei wurde beobachtet, dass Teilnehmer, die in der Lage waren, ihre Emotionen genau zu erkennen und zu benennen, sich schneller von den Auswirkungen ihrer Emotionen erholen konnten als diejenigen, die ihre Emotionen nicht klar erkennen oder benennen konnten.

In einem anderen Experiment zeigte sich, dass Menschen, die gut in der Lage waren, die Dinge aus der richtigen Perspektive zu betrachten und die Gefühle anderer Menschen zu erkennen, positiver auf Veränderungen in ihrem sozialen Netzwerk reagierten und gleichzeitig eine beeindruckende soziale Unterstützungsgruppe aufbauten.

In den 90er Jahren lernte Goleman die Studien des Duos Salovey und Mayer auf dem Gebiet der emotionalen Intelligenz kennen. Dies führte dazu, dass er das bahnbrechende Buch "Emotionale Intelligenz" verfasste. Goleman vertrat die Ansicht, dass emotionale Intelligenz keine kognitive Fähigkeit ist, die über den Erfolg in der Wirtschaft oder im Beruf entscheidet, sondern die Fähigkeit einer Person, ihre Emotionen zu kontrollieren, die ihren Gesamterfolg im Leben beeinflussen. Laut Goleman verfügen emotional intelligente Menschen über vier Hauptmerkmale:

1. Menschen mit einem gut entwickelten emotionalen Quotienten sind in der Lage, ihre Emotionen zu erkennen oder sich ihrer selbst bewusst zu sein.

2. Sie beherrschen die Kunst, ihre Emotionen zu kontrollieren oder zu managen.

3. Sie sind in der Lage, andere Menschen zu verstehen und ihnen Empathie entgegenzubringen.

4. Sie können gut mit den Emotionen anderer Menschen umgehen.

Das frühe Konzept der emotionalen Intelligenz wurde in den 1930er Jahren entwickelt, wobei es eher als eine Form der sozialen Intelligenz angesehen wurde. Diese Idee der sozialen Intelligenz wurde von Edward Thorndike vorgeschlagen.

Er beschrieb sie als eine Art Fähigkeit, gesunde und lohnende soziale und zwischenmenschliche Beziehungen aufzubauen. Mitte der 1940er Jahre schlug David Wechsler vor, dass mehrere Aspekte der effektiven Intelligenz unseren Erfolg direkt beeinflussen.

In den 1950er Jahren erklärte der Psychologe Abraham Maslow die Entwicklung der emotionalen Stärke des Menschen. 1975 erörterte Howard Gardner in *The Shattered Mind* verschiedene Kategorien von Intelligenz. 1987 veröffentlichte das *Mensa Magazine*, eine bekannte Psychologiezeitschrift, einen Artikel, in dem der Begriff emotionaler Quotient erstmals von Keith Beasley verwendet wurde.

Dies war das erste Mal, dass der Begriff in den Druck gelangte. Es ist jedoch Ruevan Bar-on, der für sich in Anspruch nimmt, den Begriff emotionaler Quotient in einer unveröffentlichten Dissertation vor dem *Mensa*-Artikel verwendet zu haben.

1995 erlangt die emotionale Intelligenz durch die Veröffentlichung von Daniel Golemans bahnbrechendem

Buch *Emotional Intelligence: Why It Can Matter More Than IQ* weltweite Popularität. Der Autor lehnt sich an die Studien von Meyer und Salovey an, um die emotionale Intelligenz als eine wichtige Intelligenzform einzustufen, die die Erfolgschancen einer Person im beruflichen und akademischen Bereich bestimmt.

## Wie wirkt sich emotionale Intelligenz auf unser tägliches Leben aus?

Im Gegensatz zum Intelligenzquotienten, der eine eher abstrakte Messung der kognitiven Fähigkeiten einer Person ist, hat die emotionale Intelligenz reale, praktische Auswirkungen auf unser tägliches Leben.

Sofern Sie nicht unter einem Stein leben, haben Sie mit Menschen zu tun, die Ihre Gefühle beeinflussen. In ähnlicher Weise beeinflussen Sie auch deren Gefühle und Emotionen. Emotionale Intelligenz hat einen größeren Einfluss auf unser Leben, als uns bewusst ist. Lassen Sie uns ein Beispiel betrachten.

Nehmen wir ein Szenario an, in dem Sie sich mitten in einer jährlichen Leistungsbeurteilung durch Ihren Vorgesetzten befinden. Er/sie gibt Ihnen ein konstruktives Feedback über verbesserungswürdige Bereiche. Seiner/Ihrer Meinung nach handelt es sich dabei um Bereiche, in denen

Sie über Potenzial verfügen, dieses aber nicht voll ausschöpfen.

Eine Person mit geringer emotionaler Intelligenz kann selbst konstruktive Kritik persönlich nehmen. Sie geben vielleicht anderen Menschen, ihrem Glück und den Umständen die Schuld für ihre schwache Leistung. Sie können ihre Unzulänglichkeiten nicht akzeptieren. Sie können eine Vielzahl von Ausreden dafür vorbringen, dass sie nicht in der Lage sind, ihr volles Potenzial auszuschöpfen.

In extremen Fällen kann die Person wütend, entmutigt, desillusioniert und demotiviert zur Arbeit erscheinen. Menschen mit geringer emotionaler Intelligenz fällt es leicht, ihren emotionalen Impulsen zu erliegen. Dies zu erkennen und zu bewältigen ist ein Zeichen für hohe emotionale Intelligenz.

Stellen Sie nun das gleiche Szenario einer Person gegenüber, die sich einer hohen emotionalen Intelligenz rühmt. Angenommen, Sie besitzen eine hohe emotionale Intelligenz. Wenn Sie ein Feedback erhalten, nehmen Sie es nicht persönlich. Sie werden darüber nachdenken, was Ihr Vorgesetzter gesagt hat. Sie werden eine gewisse Selbstprüfung vornehmen. Sie werden sich bewusst bemühen, die wahren Absichten der Führungskraft zu verstehen.

Sobald Sie erkennen, dass das, was er/sie gesagt hat, Sinn macht, gestehen Sie sich ein, dass es Bereiche gibt, die verbessert werden können. Sie werden verschiedene

Strategien entwickeln, um Ihr Potenzial auszuschöpfen und effizienter zu werden.

Sie neigen dazu, die Verantwortung für Ihr Handeln zu übernehmen und dieselben Fehler nicht mehr zu machen. Menschen mit hoher emotionaler Intelligenz suchen aktiv nach Feedback von anderen Menschen, anstatt sich selbst zu beweisen, dass sie recht haben. Sie tun nichts, um zu gewinnen, sondern um eine Win-Win-Situation für alle Beteiligten zu schaffen.

Menschen mit einem hohen emotionalen Quotienten lassen sich seltener auf sinnlose Streitereien ein und geben anderen Menschen oder ihren Lebensumständen die Schuld für ihre Unzulänglichkeiten. Sie sind eher proaktiv als reaktiv. Sie übernehmen die Verantwortung für ihre Unzulänglichkeiten und Emotionen und lernen, sie zu bewältigen.

Wenn Sie ein emotional intelligenter Mensch sind, sind Sie offener für Vorschläge, Feedback und konstruktive Kritik und versuchen, die beste Version Ihrer selbst zu sein. Für emotional intelligente Menschen ist es wichtiger, effektiv zu sein, als recht zu haben. Sie schätzen konstruktives Feedback und arbeiten aktiv daran. Es ist für sie eine Möglichkeit, nicht nur ihre Fähigkeiten, sondern auch ihre Gefühle zu beurteilen.

Dies ist nur ein Beispiel dafür, wie sich die emotionale Intelligenz auf verschiedene Bereiche unseres täglichen Lebens auswirkt und schließlich auch Ihre Produktivität, Effizienz und Ihren beruflichen Erfolg beeinflusst.

Lassen Sie uns ein anderes Beispiel betrachten. Nehmen wir an, Sie sind in eine hitzige politische Debatte mit einem engen Freund verwickelt. Sie beide sind offensichtlich nicht einer Meinung, wenn es um politische Ideologien geht. Wenn er/sie fieberhaft und leidenschaftlich seine/ihre Ideen oder Ansichten vertritt, bleiben Sie auf Ihrem Standpunkt. Der Freund scheint jetzt emotional aufgeladen und wütend zu sein.

Wenn Sie ein emotional intelligenter oder entwickelter Mensch sind, erkennen Sie das sofort und erkennen die Auswirkungen dieses kontroversen Themas auf Ihren Freund. Auch wenn Sie mit seinen Ansichten nicht einverstanden sind, wissen Sie, warum er/sie so denkt, wie er/sie denkt. Sie erkennen, dass sich die Debatte zu einem ausgewachsenen Streit auswachsen könnte, der Sie beide verärgern würde.

Als Mensch mit hoher emotionaler Intelligenz bekommen Sie die Situation schnell in den Griff und erkennen die Ansichten Ihres Freundes höflich an, auch wenn Sie nicht mit ihm/ihr übereinstimmen. Auch wenn Sie nicht die gleichen Ideen vertreten, wissen Sie, dass es ihr/sein Recht ist, anderer Meinung zu sein, wenn sie Ihre Ansichten nicht teilen. Da Sie ein einfühlsamer, rücksichtsvoller, gefühlsbetonter und sensibler Mensch sind, der sich auf die Gefühle und Bedürfnisse anderer Menschen einstellt, fällt Ihnen das leicht.

Auf diese Weise verhindern Sie eine potenziell brisante Situation, indem Sie die Gefühle der anderen Person anerkennen und Ihre eigenen Emotionen in den Griff bekommen. Die Dinge enden auf einer positiveren Ebene.

Betrachten wir nun dasselbe Szenario aus der Sicht einer Person, die sich nicht mit hoher emotionaler Intelligenz brüstet. Diese Person ist nur darauf bedacht, recht zu haben, und hält stur an ihren Ansichten fest. Sie weigert sich, die Gefühle der anderen Person anzuerkennen oder zu verstehen, woher sie kommt.

So wird aus einer völlig harmlosen Diskussion ein ausgewachsener Streit. Eine emotional weniger intelligente Person wird Öl ins Feuer gießen und die Situation noch verschlimmern. Das Ergebnis sind Negativität, Wut, Enttäuschung und Schmerz. Der Streit endet mit einer traurigen Note und beeinträchtigt letztendlich Ihre persönliche Beziehung.

Denken Sie an all die Menschen in Ihrer Familie, an Ihrem Arbeitsplatz und in Ihrem sozialen Umfeld. Ermitteln Sie die Person, von der Sie glauben, dass sie in jeder Situation das Richtige sagt, um sie positiv zu beenden. Er/sie ist in der Lage, Menschen zu beschwichtigen, den Vermittler zu spielen, zu verhandeln, unangenehme Situationen aufzutauen, schwierige Gespräche zu führen und eine Lösung zu finden, mit der alle zufrieden sind.

Diese Person kann sich durch die kniffligsten Situationen manövrieren, indem sie ihr Verständnis für die eigenen Emotionen und die anderer einsetzt.

Diese Person ist geschickt im Umgang mit schwierigen Menschen oder Situationen, in denen es um unterschiedliche Meinungen oder Persönlichkeiten geht. Sie beherrschen die Kunst, sich durchzusetzen oder für sich selbst einzustehen, ohne die andere Person zu verletzen oder zu kränken. Sie verfügen über ein hohes Maß an Empathie, d. h. sie nehmen Rücksicht auf die Gefühle anderer. Sie sind fürsorglich, wissen aber auch, wo sie die Grenze ziehen müssen und lassen sich nur selten über den Tisch ziehen. Kein Wunder also, dass die meisten Unternehmen heute einen Bedarf an Mitarbeitern mit hoher emotionaler Intelligenz haben, um Führungspositionen zu besetzen und andere zu inspirieren.

Wir alle kennen diese eine Person, die vielleicht nicht für jedes Problem eine Lösung parat hat, die aber dennoch in der Lage ist, uns ein positives und optimistisches Gefühl der Situation gegenüber zu vermitteln. Das ist der Einfluss der emotionalen Intelligenz auf unser tägliches Leben!

Forscher auf dem Gebiet der emotionalen Intelligenz sind sich einig, dass die herkömmliche kognitive Intelligenz nur zu 10-25 Prozent zu unserem Gesamterfolg beiträgt. Ein Großteil davon wird von verschiedenen Faktoren beeinflusst, darunter auch von unserer Fähigkeit, mit unseren eigenen Emotionen und denen anderer Menschen umzugehen.

Forschungsarbeiten unter der Leitung von Dr. Travis Bradberry haben ergeben, dass 90 Prozent der Spitzenkräfte in einem Unternehmen einen hohen emotionalen Quotienten aufweisen. Menschen mit hoher emotionaler Intelligenz verdienen auch 29.000 Dollar mehr pro Jahr als Menschen mit niedriger emotionaler Intelligenz im gleichen Bereich.

Emotionale Intelligenz ist also nicht nur ein weiteres Konzept, das Sie effektiver macht, sondern sie wirkt sich auch darauf aus, wie viel Sie im Durchschnitt verdienen, verglichen mit Menschen mit einem niedrigeren emotionalen Quotienten.

Studien, die von Harvard-Absolventen in verschiedenen Berufen, darunter Jura und Medizin, durchgeführt wurden, haben erschreckenderweise ergeben, dass es keine oder eine negative Korrelation zwischen einer hohen Punktzahl im Aufnahmetest und den Erfolgschancen einer Person in einem bestimmten Beruf gab.

Eine hohe Punktzahl im Aufnahmetest führte nicht unbedingt zum Erfolg in dem Beruf. Daraus geht eindeutig hervor, dass eine hohe Punktzahl im Aufnahmetest nicht gleichbedeutend mit beruflichem Erfolg ist, d. h. Ihre kognitiven Fähigkeiten entscheiden nicht über Ihren beruflichen Erfolg.

Der emotionale Quotient oder die emotionale Intelligenz hilft uns, komplexe soziale Situationen in der Schule (Mobbing), an der Universität (akademischer Druck) und am Arbeitsplatz (schwierige Kollegen) zu meistern. Sie ist nicht nur eine unschätzbare Fähigkeit, wenn es darum geht, andere Menschen zu führen und zu inspirieren, sondern verleiht auch die perfekte Einstellung, um Spitzenleistungen zu erbringen.

Mehrere Unternehmen und Personalvermittlungsagenturen haben inzwischen einen obligatorischen Test zum emotionalen Quotienten eingeführt, um die emotionalen und sozialen Fähigkeiten einer Person vor der Einstellung zu beurteilen. Emotionale Intelligenz erhöht Ihre Chancen, nicht nur im Studium und im Beruf, sondern auch in zwischenmenschlichen Beziehungen erfolgreich zu sein.

Unsere körperliche Gesundheit wird direkt von unserer Fähigkeit beeinflusst, mit Stress umzugehen. Erhöhter Stress führt zu verschiedenen Gesundheitsproblemen, wie z. B. einem schwachen Immunsystem, erhöhtem Blutdruck, einem größeren Risiko für Herzkrankheiten, Unfruchtbarkeit, schnellerer Alterung und vielem mehr. Eine der größten Auswirkungen der Steigerung Ihres emotionalen Quotienten ist der Stressabbau.

Wenn Sie Ihre eigenen Emotionen und die anderer besser erkennen können, entstehen weniger Stressszenarien. Die Bewältigung von Konflikten und die Lösung von Differenzen wird einfacher. Sie sind in der Lage, sich auf Ihre Mitmenschen einzustellen und anzupassen, was zu weniger Stress und Angstgefühlen führt.

Wenn wir emotional gesund, friedlich und ausgeglichen sind, macht sich das in unserer körperlichen, geistigen und seelischen Gesundheit bemerkbar. Menschen mit einem hohen emotionalen Quotienten sind in der Lage, ihre

Emotionen effizienter zu steuern und Herausforderungen wie Stress, Angst, Nervosität und Ärger positiver zu bewältigen.

Als emotional intelligenter Mensch werden Sie sich nicht über Dinge aufregen, die außerhalb Ihres Einflussbereichs liegen. Sie werden sich eher auf das konzentrieren, was Sie kontrollieren können. Anstatt ein Opfer der Umstände zu sein, sind sie eher in der Lage, proaktiv auf Herausforderungen zu reagieren. Es ist kein Wunder, dass emotional intelligente Menschen über eine glänzende körperliche und geistige Gesundheit verfügen und sich insgesamt wohler fühlen.

Negative Emotionen können, wenn sie unkontrolliert bleiben, zu ernsthaften psychischen Erkrankungen wie Depressionen, Zwangsstörungen, bipolaren Störungen, Panikattacken, Angstzuständen und vielem mehr führen. Wenn wir mit unseren eigenen Emotionen und denen anderer Menschen kämpfen, werden wir anfälliger für Depressionen, Isolation, Einsamkeit usw.

Emotionale Intelligenz hilft uns, unsere Emotionen in den Griff zu bekommen, um uns selbst und die Menschen um uns herum zu verstehen. Dies führt zu einer geringeren Stressanfälligkeit und einer besseren psychischen Gesundheit.

Wenn wir unsere Emotionen erkennen und verstehen, fällt es uns nicht nur leichter, sie zu kontrollieren, sondern wir können uns auch besser ausdrücken. Wenn wir in der Lage sind, uns auf die Emotionen anderer einzustellen, ist es auch einfacher, mit ihnen auf positive Weise umzugehen. Es hilft uns, effektiver mit anderen zu kommunizieren und gleichzeitig stärkere, erfüllendere und sinnvollere Beziehungen aufzubauen.

Lassen Sie uns an einem Beispiel sehen, wie sich emotionale Intelligenz auf unsere Beziehungen auswirkt. Pete und Mary haben eine leidenschaftliche, romantische Beziehung. Es ist ihnen ernst miteinander.

Sie sind jedoch beide diagrammartig unterschiedliche Persönlichkeiten. Während Pete von Natur aus kontaktfreudig und gesellig ist, ist Mary zurückhaltend, verschlossen und zurückhaltend. Während Pete vorhersehbar viele Freunde hat, ist Mary wählerisch, was ihre Freunde angeht, und hat kaum ein paar davon. Aus ihrer eigenen Sicht versteht sie nicht, warum Pete so viel Zeit mit seinen Freunden verbringen muss.

Wenn Pete nicht über eine hohe emotionale Intelligenz verfügt, wird er Mary als überbesessene, eifersüchtige und unsichere Partnerin betrachten, was zu Konflikten in einer ansonsten wunderbaren Beziehung führt. Mary wird dann in die Defensive gehen. Wenn Pete jedoch über eine hohe emotionale Intelligenz verfügt, wird er verstehen, warum Mary so denkt oder fühlt, wie sie es tut.

Er wird Mary mehr in seine sozialen Aktivitäten oder Ausflüge einbeziehen und ihr damit das Gefühl geben, ein wichtiger Teil seines Lebens und seiner Gruppe zu sein. Er wird positive, konstruktive Schritte in die richtige Richtung unternehmen, die seiner Partnerin und ihm selbst zugutekommen. Pete wird einen Mittelweg finden, um Konflikte zu minimieren und eine harmonischere Beziehung zu führen. Er wird aktiv darauf hinarbeiten, dass Mary sich besser fühlt und stärker in sein Leben einbezogen wird, damit sie sich nicht isoliert fühlt.

Ein emotional intelligenter Pete wird Mary erklären, warum er gerne Zeit mit seinen Freunden verbringt, und dass dies nicht bedeutet, dass er nicht gerne mit ihr zusammen ist. Menschen mit einem hohen emotionalen Quotienten sind immer bestrebt, die Gefühle der anderen Person zu verstehen, ihnen die Hand zu reichen und auf sie einzugehen, um einen Mittelweg zu finden. Bei ihnen geht es nie um den einen oder den anderen Weg. Sie finden in jeder Situation eine Lösung, die dem Gesamtwohl dient.

In diesem Beispiel könnte Pete die Wochenenden ausschließlich für Mary reservieren, während er an den Wochentagen nach der Arbeit ein paar Tage mit seinen Freunden verbringt. Was hat Pete hier getan?

Er hat einfach sein Verständnis für Marys Emotionen genutzt und sich in sie eingefühlt, um eine Lösung zu finden, mit der alle zufrieden sind! Das Ergebnis ist, dass Pete und Mary eine lohnendere und erfülltere Beziehung haben.

Emotionale Intelligenz wirkt sich auf jeden Aspekt unseres Lebens aus, vom akademischen Leben über das Berufsleben bis hin zu zwischenmenschlichen Beziehungen und dem sozialen Leben. Es handelt sich um eine echte, anwendbare Disziplin, die sich in realen Situationen als nützlich erweist.

# Der Unterschied zwischen IQ und EQ

Ich wurde schon mehrmals nach dem Unterschied zwischen IQ und EQ gefragt. Die Leute fragen sich, wie der emotionale Quotient im Vergleich zum Intelligenzquotienten einen größeren Einfluss auf unseren Erfolg haben kann.

Sowohl der IQ als auch der EQ sind eine Form der Intelligenz, nur eben eine andere Art von Intelligenz. Während der IQ die kognitiven Fähigkeiten einer Person wie logisches Denken, Gedächtnis, motorische Fähigkeiten und andere ähnliche Fähigkeiten misst oder bewertet, ist der EQ die Fähigkeit einer Person, ihre Gefühle und die anderer zu verstehen und zu regulieren!

All das Wissen, die formale Bildung und die technischen Fähigkeiten, die Sie bisher erworben haben, tragen zu Ihrem Intelligenzquotienten bei. Kognitive Fähigkeiten und technische Fertigkeiten bestimmen, wie kompetent Sie bei der Ausführung der eigentlichen Aufgabe sind.

Diese Form der Intelligenz reicht jedoch nicht aus, um den Erfolg im Leben eines Menschen zu bestimmen. Neben den kognitiven Fähigkeiten müssen wir auch die Kunst beherrschen, mit unseren Gefühlen und denen anderer Menschen umzugehen, um lohnende Beziehungen aufzubauen und produktiver zu sein. Wenn Sie nicht im

Dschungel leben, brauchen Sie emotionale Intelligenz, um mit anderen Menschen umzugehen.

Schauen wir uns ein Szenario an, um zu verstehen, wie emotionale Intelligenz im Vergleich zum normalen Intelligenzquotienten funktioniert. Sie haben gerade ein sehr prestigeträchtiges und begehrtes Projekt von einem Kunden erhalten, um das sich mehrere andere beworben haben. Als Projektleiter haben Sie die besten Mitarbeiter in Ihr Team geholt.

Diese Leute sind bekannt für ihre ausgezeichneten technischen Fähigkeiten, ihre Problemlösungskompetenz und ihr umfangreiches Wissen. Das Projekt erfordert nun mehrere Stunden Knochenarbeit. Das Team muss unter Umständen wochentags weit über seine Arbeitszeit hinaus bleiben und manchmal auch am Wochenende arbeiten, um das Projekt rechtzeitig abzuschließen.

Mit Ihrem fundierten Wissen, Ihren technischen Fertigkeiten und Ihren kognitiven Fähigkeiten sind Sie in der Lage, das Team gut zu führen.

Da es sich um ein Projekt mit hohem Druck handelt, werden Sie in der Lage sein, Ihre Teammitglieder davon zu überzeugen, zusätzliche Zeit und Mühe zu investieren und gleichzeitig während der gesamten Dauer des Projekts motiviert zu bleiben.

Sie müssen nicht nur sicherstellen, dass die Arbeit erledigt wird, sondern auch, dass sie gut erledigt wird, was bedeutet, dass Sie hoch motivierte Mitarbeiter brauchen.

Mit Ihren überlegenen technischen Fähigkeiten können Sie ihnen helfen, die richtigen Fähigkeiten zu entwickeln. Aber Ihr emotionaler Quotient wird sie inspirieren, ermutigen und motivieren, ihr Bestes zu geben, auch wenn es schwierig wird. Sie müssen darauf hinarbeiten, dass sie ihren Stress und ihre Emotionen in den Griff bekommen, damit sie in einem Umfeld mit hohem Druck produktiv arbeiten können.

Während Ihre technischen Fähigkeiten eine Folge Ihrer Intelligenz sind, wird Ihre Fähigkeit, das Team von vorne zu führen, indem Sie dessen Handlungen, Gedanken und Verhalten steuern, direkt von Ihrer emotionalen Intelligenz beeinflusst.

Indem Sie Einblicke in die Gefühle, Emotionen, Bestrebungen, Motivatoren, Leidenschaften, Ängste, Wünsche und mehr des Teams gewinnen, können Sie es zu größerer Produktivität führen.

Es wird einfacher, Menschen dazu zu bringen, sich in einer bestimmten Weise zu verhalten und zu reagieren, wenn Sie über aussagekräftige Informationen über ihre Emotionen verfügen. Was treibt Menschen in erster Linie an?

Manche Menschen reagieren wunderbar auf Wertschätzung, andere bevorzugen vielleicht finanzielle Belohnungen. Wieder andere möchten etwas erreichen, damit ihre Familie stolz auf sie ist. Wenn Sie herausfinden, welche Emotionen Menschen zur Leistung antreiben, können Sie diese Informationen nutzen, um ihre

Produktivität zu kanalisieren. Was bringt Menschen dazu, auf eine bestimmte Weise zu handeln?

Mit Ihren kognitiven Fähigkeiten können Sie zum Beispiel nicht verstehen, warum ein bestimmter Mitarbeiter ein Drama veranstaltet, um Aufmerksamkeit zu erregen. Wenn Sie über emotionale Intelligenz verfügen, erkennen Sie vielleicht Probleme mit dem Selbstwertgefühl oder das Bedürfnis, akzeptiert/anerkannt zu werden. Ebenso können Sie feststellen, dass manche Mitarbeiter positiver auf öffentliche Anerkennung reagieren als andere. Sobald Sie wissen, was die einzelnen Mitarbeiter motiviert oder antreibt, ist es einfacher, sie davon zu überzeugen, das zu tun, was Sie wollen.

Emotionale Intelligenz ermöglicht es Ihnen, die zugrundeliegenden Emotionen anzuzapfen, die das Verhalten von Menschen bestimmen - im Gegensatz zum Intelligenzquotienten, der sich mit den technischen Finessen, dem Wissen oder den kognitiven Fähigkeiten einer Person befasst. Mit Intelligenz kann man Menschen so trainieren, dass sie ihre Arbeit erledigen. Mit emotionaler Intelligenz hingegen kann man ihre Handlungen so steuern, dass die Arbeit erledigt wird, indem man ihre wichtigsten emotionalen Antriebskräfte anzapft.

Personen mit einem hohen emotionalen Quotienten können ihre Emotionen ausdrücken, erkennen und regulieren und sind gleichzeitig in der Lage, die Emotionen anderer Menschen richtig einzuschätzen. Sie haben eine höhere Fähigkeit, die Emotionen anderer Menschen zu verarbeiten und wahrzunehmen.

Menschen mit einem hohen Intelligenzquotienten hingegen sind Experten im Aufnehmen, Verstehen und Anwenden von Fähigkeiten und Wissen. Sie verfügen über ein ausgeprägtes logisches Denkvermögen, eine größere Kreativität (und unkonventionelles Denken zur Problemlösung) und ein ausgeprägtes abstraktes Denken.

Der emotionale Quotient ist heute einer der wichtigsten Faktoren für den Erfolg am Arbeitsplatz. Sowohl der IQ als auch der EQ arbeiten jedoch zusammen, um den Gesamterfolg einer Person zu gewährleisten.

So kann zum Beispiel die Fähigkeit, die eigenen Emotionen und die anderer zu erkennen und zu steuern, manchmal sinnlos sein, wenn sie nicht durch ausreichende technische Fähigkeiten ergänzt wird. Man kann nicht einfach Menschen managen, ohne über die richtigen technischen Fähigkeiten zu verfügen.

Während die Intelligenz eng mit der Ernährung des Gehirns während unserer Schulzeit und unseres Heranwachsens zusammenhängt, entwickelt sich der EQ im Laufe der Zeit auf der Grundlage von Lernverhalten, Reaktionen auf unsere Gefühle und Erfahrungen.

In Unternehmenskreisen ist EQ jedoch derzeit das Schlagwort schlechthin, denn wenn alle Bewerber gleichermaßen geschult, erfahren, qualifiziert und für die Stelle geeignet sind, unterscheidet EQ den durchschnittlichen Mitarbeiter von zukünftigen Visionären und Führungskräften. Es handelt sich um eine Form der Intelligenz, die ständig weiterentwickelt werden kann, dabei aber komplexer ist und ein breiteres Spektrum an Handlungen und Verhaltenskontrollen umfasst.

In einer Studie wurden die Einstellung und die Verkaufsmitarbeiter der beliebten Kosmetikmarke L'Oréal anhand ihrer emotionalen Intelligenz genau untersucht. Es wurde festgestellt, dass die emotional intelligenten Vertriebsmitarbeiter ihre Kollegen mit geringer emotionaler Intelligenz um satte 91.370 Dollar übertrafen und einen neuen Anstieg von 2.558.360 Dollar erzielten.

In einer weiteren Untersuchung stellte eine Versicherungsgesellschaft fest, dass Verkäufer mit geringen emotionalen Fähigkeiten wie Selbstvertrauen, Initiative, Proaktivität und Einfühlungsvermögen im Vergleich zu Verkäufern mit hoher emotionaler Intelligenz (114.000 $ Prämie) viel weniger Policen verkauften (durchschnittlich 54.000 $ Prämie).

Auf beruflicher Ebene kann ein hoher Intelligenzquotient bei der Analyse, der Durchführung von Forschungsarbeiten, der Produktentwicklung und vielem mehr hilfreich sein. Bei der emotionalen Intelligenz geht es jedoch darum, einen starken Teamgeist zu schaffen, harmonische Arbeitsbeziehungen aufzubauen, zusammenzuarbeiten und zu führen.

Im Gegensatz zum Intelligenzquotienten, der mehr oder weniger feststeht und bei der Geburt bestimmt wird, kann die emotionale Intelligenz über einen längeren Zeitraum kultiviert und entwickelt werden. Selbst wenn Sie mit einem niedrigen Wert für den emotionalen Quotienten beginnen, können Sie ihn im Laufe der Zeit steigern, indem Sie verschiedene in diesem Buch beschriebene Methoden anwenden.

Dies geschieht durch Training, Erfahrung, Anwendung und Übung. Emotionale Intelligenz hat sich im Laufe der Zeit entwickelt. Es handelt sich nicht um eine statische Intelligenz. Sie ist dynamisch und konstant und verändert sich je nach unseren emotionalen Erfahrungen und Situationen, die wir erleben.

In diesem Sinne ist sie eine viel flexiblere und formbarere Intelligenz als die kognitive Intelligenz, über die wir keine große Kontrolle haben. Menschen mit einem hohen Intelligenzquotienten sind erstaunlich gut im Lernen, in der Aufnahme von Informationen und im Behalten derselben. Wenn dieselbe Person jedoch einen niedrigen emotionalen Quotienten hat, kann es für sie schwierig sein, die Emotionen anderer Menschen effektiv zu regulieren.

Diese Menschen neigen eher zu Wutausbrüchen, schlagen andere nieder und übernehmen keinerlei Verantwortung für ihr Handeln. Sie kommen möglicherweise nicht mit anderen Menschen zurecht oder haben Schwierigkeiten in sozialen Situationen. Das Konzept der emotionalen Intelligenz hat in den letzten Jahrzehnten einen enormen Aufschwung erfahren, da es mehrere menschliche Fähigkeiten umfasst und in Unternehmen,

Regierungsorganisationen/Behörden, im Sport und anderen Bereichen Einzug gehalten hat.

Fast alle Konflikte in unseren zwischenmenschlichen Beziehungen und auf der ganzen Welt entstehen aufgrund mangelnder emotionaler Intelligenz oder der Unfähigkeit, sich auf die innersten Gefühle einer Person oder einer Gruppe von Menschen einzustellen und sich mit ihnen zu verbinden. Im Gegensatz zum emotionalen Quotienten, der nicht sofort ersichtlich ist, zeigt sich der Intelligenzquotient in unseren akademischen Leistungen, in Tests, im Erinnerungsvermögen und in kognitiven Spielen. Es ist leicht zu erkennen, ob eine Person über hohe kognitive Fähigkeiten verfügt. Die Fähigkeit, mit Emotionen umzugehen, ist jedoch nicht offensichtlich oder leicht zu messen. Wie kann man feststellen, ob eine Person einen hohen emotionalen Quotienten besitzt, wenn nicht durch eine psychologische Beurteilung?

In ähnlicher Weise sind die Ergebnisse emotional intelligenter oder entwickelter Entscheidungen nicht offensichtlich und schwer zu ermitteln. Da Emotionen hochkomplex, überlappend und vielschichtig sind, hat die Herausforderung, sie zu erkennen, sie lange Zeit gegenüber der leicht zu bewertenden Intelligenz in den Hintergrund treten lassen. Während Intelligenz und kognitive Fähigkeiten bekanntermaßen einfacher und eindeutiger sind, wurde der emotionale Quotient nie mit zuverlässigen Tests präzise gemessen. Auch heute noch können psychologische Tests nur skizzenhafte Einblicke in die emotionalen Verhaltensmuster eines Menschen geben.

# Kapitel Zwei: Narrensichere Tipps zur Stärkung der Selbsterkenntnis

## Überprüfen Sie regelmäßig Ihre Gefühle

Überprüfen Sie regelmäßig Ihre Gefühle, so als hätten Sie einen Kellner um sich herum, der regelmäßig nachfragt, was Sie essen möchten. Überprüfen Sie immer wieder, wie Sie sich zu verschiedenen Zeitpunkten des Tages fühlen. Wie fühlen Sie sich, wenn Sie zur Arbeit gehen? Wie fühlen Sie sich, wenn Sie von der Arbeit nach Hause kommen? Wann sind Sie verärgert? Was sind die Dinge, die Ihren Geist erheben und Ihnen ein gutes Gefühl geben? Untersuchen Sie die Ursache für bestimmte Gefühle. Wenn Sie zum Beispiel eine Abneigung gegen eine Person verspüren, woher kommt dieses Gefühl, hängt es mit Ihren Erfahrungen mit anderen ähnlichen Menschen zusammen? Ist es Eifersucht? Ist es etwas, was die Person getan oder zu Ihnen gesagt hat? Verfolgen Sie den Ursprung Ihrer Gefühle, um zu verstehen, warum Sie so fühlen, wie Sie es tun.

Fühlen Sie sich demoralisiert und enttäuscht, weil Ihr Chef heute Morgen etwas zu Ihnen gesagt hat? Sind Sie wütend, aufgebracht und verletzt, weil Sie sich am frühen Morgen mit Ihrem Partner gestritten haben? Treten aufgrund dieser Emotionen bestimmte psychologische Symptome auf?

Beeinflussen Ihre Emotionen Ihre Körpersprache, Gestik, Mimik, Stimmlage, Sprache, Wortwahl und mehr? Sind Sie gefühlsmäßig transparent? Ist es für andere Menschen einfach zu wissen, wie Sie sich fühlen, indem sie Sie beobachten? Treffen Sie impulsive, gefühlsgesteuerte Entscheidungen? Um mehr Selbsterkenntnis und emotionale Intelligenz zu erlangen, sollten Sie sich wieder mit Ihren grundlegenden Emotionen verbinden, sie erkennen, akzeptieren und nutzen, um ausgewogene und positive Entscheidungen zu treffen.

## Seien Sie ein Selbstexperte

Was ist der erste Schritt, wenn Sie Ihre Gedanken, Handlungen, Gefühle und Ihr Verhalten grundlegend verändern wollen? Es ist das Bewusstsein, dass diese Gedanken existieren und Sie zu einer bestimmten Handlung führen. Wenn Sie etwas ändern wollen, müssen Sie wissen, woran Sie arbeiten müssen. Das können Sie nur, wenn Sie sich selbst in- und auswendig kennen.

Sportler sind darauf trainiert, ihre Emotionen vor einem entscheidenden Spiel zu erkennen und zu überwinden. Das gehört genauso zu ihrem Training wie die körperlichen Fähigkeiten. Diese Denkweise und das emotionsbasierte Training werden unter der Prämisse vermittelt, dass es einfacher ist, seine Produktivität aufrechtzuerhalten, wenn der Einzelne seine Emotionen erkennen und steuern kann.

Denken Sie an all die Fälle, in denen Ihre Emotionen in letzter Zeit die Oberhand gewonnen und Ihre Produktivität beeinträchtigt haben. Lassen wir uns nicht schon durch Kleinigkeiten bei der Arbeit in unserer Leistung beeinträchtigen? Wenn Sie Ihre Stärken und Grenzen kennen, ist es wahrscheinlicher, dass Sie Ihre Ziele selbstbewusst erreichen. Die Wahrscheinlichkeit von Frustration, Verzweiflung, Enttäuschung und geringer Leistung ist viel geringer. Selbstvertrauen und Durchsetzungsvermögen entstehen ganz natürlich, wenn wir uns unserer Emotionen, Gedanken, Handlungen und unseres Verhaltens bewusster sind. Wenn wir uns gedankenlos von Emotionen leiten lassen, ohne uns ihrer bewusst zu sein, verlieren wir die Kontrolle über unsere Handlungen, was zu einem Verlust an Selbstvertrauen und Produktivität führt.

Wenn wir uns unserer Emotionen bewusster werden, beherrschen sie uns kaum noch. Wir sind in der Lage, sie effizienter zu steuern. Ein emotional bewusster Mensch wird nicht zu einem passiven Opfer seiner Emotionen. Er/sie nutzt das Wissen über seine/ihre Emotionen auf konstruktive und positive Weise, um die gewünschten Ergebnisse zu erzielen.

## Erstellen Sie eine Liste aller Ihrer Stärken und Grenzen.

Ich empfehle auch psychologische Persönlichkeitsanalysen und -bewertungen, um Ihre Fähigkeiten, Stärken, Schwächen, Persönlichkeiten und Werte zu ermitteln. Das hilft Ihnen, Ihre Gefühle zu verstehen und zu steuern.

Zögern Sie nicht, objektives Feedback von Menschen einzuholen, denen Sie vertrauen. Dies wird Ihnen helfen, Dinge aus einer anderen Perspektive zu verstehen, die Sie vielleicht vorher nicht objektiv betrachtet haben.

Ein Tagebuch ist eine weitere wunderbare Möglichkeit, eine Bilanz Ihrer Gefühle zu ziehen und Ihre Selbsterkenntnis zu stärken. Schreiben Sie jeden Morgen kurz vor dem Schlafengehen oder nach dem Aufwachen ein paar Seiten in einem Strom des Bewusstseins. Während wir schlafen, ist unser Unterbewusstsein am aktivsten, sodass wir Zugang zu unseren innersten Gefühlen und Emotionen haben, derer wir uns nicht einmal bewusst sind (da sie außerhalb des bewussten Bereichs liegen). Führen Sie neben dem Bett ein Tagebuch, um Träume, wiederkehrende Gedankenmuster, Bilder und andere Dinge zu notieren, die Ihnen Zugang zu Ihren tiefsten Gefühlen und Ihrer Intuition verschaffen.

Das Wichtigste ist, dass Sie Ihre Träume gleich nach dem Aufwachen notieren, bevor Ihr Bewusstsein die Kontrolle übernimmt. Wenn Sie dies auf später verschieben, vergessen Sie vielleicht alles. Schreiben Sie Ihre Gedanken, Gefühle und Emotionen auf, sobald sie auftreten. Welche Emotionen erleben Sie gerade? Was sind die physiologischen Reaktionen (erhöhter Herzschlag, schnellerer Puls, Schwitzen) auf Ihre Gefühle?

Emotionen und Gefühle können sehr komplex sein. Die meisten unserer Emotionen sind vielschichtig. Wenn Sie zum Beispiel eine hitzige Diskussion mit Ihrem Freund haben, fühlen Sie sich vielleicht verletzt, rachsüchtig, wütend, schuldig und vieles mehr auf einmal. Schreiben Sie die Gefühle genau so auf, wie sie Ihnen vorkommen. Seien Sie beim Aufschreiben Ihrer Gefühle ehrlich.

Wenn Sie auf jemanden eifersüchtig sind, erwähnen Sie es. Wenn Sie besitzergreifend oder unsicher in Bezug auf Ihren Partner sind, seien Sie ehrlich und schreiben Sie es auf. Emotional ehrlich und offen zu sein, ist der Schlüssel zu mehr Selbsterkenntnis. Wenn Sie diese Gefühle weiterhin leugnen, werden Sie nicht wissen, wie Sie diese Informationen optimal nutzen können.

Selbst wenn Sie sich durch zwei gegensätzliche Gefühle verwirrt fühlen, erwähnen Sie sie genau so, wie sie auftreten. Ein Beispiel: Sie haben gerade erfahren, dass Sie Ihren Traumjob an Bord haben. Das bedeutet jedoch, dass Sie Ihr Zuhause verlassen und für einige Jahre ohne Ihren Partner leben müssen. In der Tat erleben Sie gemischte Gefühle. Sie freuen sich über das Jobangebot. Aber Sie sind auch traurig darüber, dass Sie Ihren geliebten Menschen zurücklassen müssen. Indem Sie Ihre gemischten Gefühle erwähnen, erkennen Sie sie an und werden sich ihrer bewusster.

Nehmen Sie diesen Tipp von Dexter Valles, dem CEO von Valmar International. Er empfiehlt, ein Whiteboard griffbereit zu halten und es über den Tag verteilt in drei

Abschnitte zu unterteilen. Tragen Sie sechs bis acht Emotionen auf der Tafel ein und fordern Sie die Mitarbeiter auf, die Emotionen zu markieren, die sie an verschiedenen Punkten ihres Arbeitstages empfinden. Ermitteln Sie die Emotion, die zu verschiedenen Zeitpunkten am stärksten angekreuzt ist. Dies wird Ihnen helfen zu verstehen, wie Sie und andere Menschen um Sie herum sich zu verschiedenen Tageszeiten fühlen. Außerdem wissen wir, wie wertvoll diese Informationen sein können, wenn es darum geht, die Produktivität zu kanalisieren.

Erstellen Sie eine Liste aller Rollen, die Sie in Ihrem täglichen Leben ausüben. Sie können zum Beispiel Eltern, Lehrer, Manager, Geschwister, Angestellte, Ehepartner und mehr sein. Welche Emotionen sind mit jeder Rolle stark verbunden? Wenn Sie Ihre Erfahrungen in jeder Rolle mit einem einzigen Wort beschreiben müssten, wie würden Sie sie beschreiben? Angenommen, Sie fühlen sich in Ihrer Rolle als Elternteil erfüllt, sind aber ein unglücklicher Ehepartner oder ein demotivierter Arbeitnehmer. Untersuchen Sie sorgfältig jede Rolle und die Gefühle oder Emotionen, die eng mit ihr verbunden sind.

Wenn wir die Gefühle, die mit jeder wichtigen Rolle oder Beziehung in unserem Leben verbunden sind, benennen, können wir diese Gefühle besser regulieren. Es ist wahrscheinlicher, dass Sie die Kontrolle über Ihre emotionalen Reaktionen in Bezug auf die Rolle behalten.

# Emotionen erkennen und benennen

Lernen Sie die Kunst, Ihre Gefühle nicht nur zu identifizieren, sondern zu kategorisieren und zu benennen. Dabei geht es nicht darum, Ihre Gefühle wie eine Bibliothek voller Bücher zu behandeln. Es ist einfach eine Bestandsaufnahme Ihrer Gefühle, um Ihre Selbsterkenntnis zu stärken. Und im Gegenzug reagieren Sie auf diese emotionalen Informationen. Wenn Sie Ihre Gefühle benennen, ist es einfacher, sie zu erkennen und zu bearbeiten.

Jedes Mal, wenn Sie sich von starken Emotionen überwältigt fühlen, erkennen Sie diese schnell und benennen Sie sie. Machen Sie dies von nun an zu einer bewussten Gewohnheit. Handelt es sich bei dem Gefühl, das Sie erleben, um Wut, Unsicherheit, Besitzgier, Ärger, Depression, Hochgefühl, Erstaunen, Verzweiflung, Freude oder sogar um eine Kombination einiger dieser Gefühle? Sie können kreativ werden und Ihren Gefühlen eigene Namen geben, um den Prozess persönlicher und interessanter zu machen.

Warum taucht Toms Nervosität kurz vor einer wichtigen Präsentation auf? Erkennen Sie auch die Auslöser, die diese Gefühle in Ihnen hervorrufen. Eine bestimmte Person ruft zum Beispiel Minderwertigkeitsgefühle in Ihnen hervor, die Sie eifersüchtig auf sie machen. Oder Sie empfinden vielleicht Eifersucht auf eine Person, die erfolgreicher ist als Sie selbst.

Was löst bestimmte Gefühle und Emotionen in Ihnen aus? Was sind die Auslöser, die dazu führen, dass Sie sich glücklich, traurig, wütend, verärgert, enttäuscht und mehr fühlen? Was ist für Sie die Hauptquelle für positive und schädliche Emotionen? Wird Ihr emotionales Bewusstsein gestärkt, wenn Sie Ihre Emotionen benennen und den Auslöser für diese Emotionen identifizieren?

Was ist die beste Methode, um Ihre Emotionen zu benennen? Nehmen Sie einen Stift und einen Notizblock und listen Sie Ihre Gefühle jedes Mal auf, wenn Sie eine überwältigende oder zwingende Emotion erleben? Nennen Sie die genaue Emotion, die Sie erleben, zusammen mit den Reizen, die sie ausgelöst haben. Was veranlasst Sie dazu, eine bestimmte Emotion zu empfinden? Wenn Sie eine Emotion identifizieren, ist es viel einfacher, sie zu regulieren.

Nehmen wir zum Beispiel an, Sie empfinden ohne ersichtlichen Grund Hass gegenüber einer Person. Sie können den Anblick dieser Person einfach nicht ertragen. Sie fragen sich jedoch, warum Sie diese Emotion empfinden, denn die Person hat Ihnen nichts getan.

Bei näherer Betrachtung stellen Sie vielleicht fest, dass Sie die Person nicht mögen, weil jemand, den Sie sehr mögen, sie mehr mag als Sie selbst. Vielleicht lieben Sie also Ihre Eltern sehr, aber sie schenken Ihrem Geschwisterkind mehr Liebe als Ihnen. Dies führt dazu, dass Sie ein Gefühl des

Hasses gegenüber Ihrem Geschwisterkind entwickeln. Anfangs ist Ihnen vielleicht nicht klar, was Sie dazu bringt, Menschen abzulehnen, die Ihnen nichts Schlimmes angetan haben.

Später erkennen Sie jedoch, dass Sie vielleicht Neid oder Unsicherheit empfinden, weshalb Sie der Person gegenüber negative Gefühle hegen. Wenn Sie dieses Wissen erlangen, sind Sie in der Lage, potenziell negative Gefühle besser zu bewältigen.

Sobald Sie erkennen, dass Ihre Gefühle auf unlogischer oder unbegründeter Eifersucht, Unsicherheit und Angst beruhen, werden Sie rationaler, reifer und verständnisvoller damit umgehen. Sie werden eher bereit sein zu glauben, dass es nicht wirklich die Schuld der anderen Person ist, dass sie mehr geliebt wird als Sie, was Ihre Gleichung mit ihr verändern wird. Sie werden erkennen, dass Ihr Geschwisterkind bestimmte Eigenschaften hat, die es sympathisch und bewundernswert machen und denen Sie nacheifern können.

Manchmal werden Sie feststellen, dass Ihre Eltern ihn/sie vielleicht nur so wahrgenommen haben, dass sie ihn/sie mehr lieben als Sie, obwohl ihnen in Wirklichkeit beide gleich wichtig sind. Sobald wir achtsamer und bewusster mit unseren Emotionen umgehen, ist es einfacher, konstruktiver und fruchtbarer mit ihnen umzugehen.

# Dem Drang widerstehen, Gefühle zu fixieren

Eines der wichtigsten Dinge, die Sie verstehen müssen, wenn es darum geht, sich seiner selbst bewusster zu werden oder Ihre Gefühle zu erkennen, ist, dass Sie sie nicht immer in Ordnung bringen müssen. Das ist nicht die Absicht des Erkennens Ihrer Gefühle. Idealerweise sollten wir diese Emotionen einfach erkennen und sie vorbeiziehen lassen, anstatt zu versuchen, sich von ihnen beherrschen zu lassen. Leider sind wir darauf konditioniert worden, unsere Gefühle in gut und schlecht einzuteilen. Manchmal fühlen wir uns schuldig, weil wir bestimmte Emotionen empfinden, oder glauben, dass bestimmte Emotionen uns zu einem schlechten Menschen machen.

Emotionen sind niemals gut oder schlecht. Sie sind Emotionen. Vermeiden Sie den Drang, scheinbar schlechte Emotionen aus Ihrem Bewusstsein zu verdrängen. Erkennen Sie einfach an, dass Sie bestimmte Emotionen erleben, indem Sie sich sagen: "Ich glaube, ich spüre einen Anflug von Eifersucht" oder "Ich fühle mich durch das, was diese Person gerade sagt, verärgert und irritiert."

Eines der besten Dinge, die Sie tun können, wenn Sie unangenehme Emotionen vorbeiziehen lassen wollen, ohne sich zu sehr von ihnen beeinflussen zu lassen, ist, tief zu atmen. Wenn Sie versuchen, die Emotion zu verdrängen, wird sie nur mit doppelter Intensität zurückkommen. Nehmen Sie die Emotion stattdessen zur Kenntnis und lassen Sie sie unbeeinflusst ihren Lauf nehmen, bevor sie abklingt.

Unser Körper braucht etwa sechs Sekunden, um die von der Emotion ausgelösten Chemikalien aufzunehmen. Geben Sie Ihrem Körper ausreichend Zeit, die Chemikalien zu absorbieren, bevor Sie Ihren normalen Aufgaben nachgehen.

Unser Verhältnis zu unseren Emotionen ist oft feindselig. Wir behandeln sie als Hindernisse, die bekämpft oder brüskiert werden müssen. Unsere Emotionen sind nicht unsere Feinde. Freunden Sie sich mit ihnen an und nutzen Sie diese emotionalen Informationen, um sich zu stärken, anstatt sich zu entwaffnen. Anstatt sich von Ihren Emotionen beherrschen zu lassen, nutzen Sie diese praktischen Informationen, um im Einklang mit Ihren Emotionen zu arbeiten.

Was sind Emotionen? Sie sind neutrale Hormone, die als Ergebnis unserer Wahrnehmung von Dingen freigesetzt werden. Dies lenkt unsere Handlungen in eine bestimmte Richtung. Jede Emotion, die wir erleben, hat ein klares Ziel oder eine klare Bedeutung, was den Gedanken verstärkt, dass Emotionen weder gut noch schlecht sind. Stellen Sie sich einfach auf die Botschaft ein, die sie vermitteln.

Wenn Sie zum Beispiel Eifersucht empfinden, kann das bedeuten, dass Sie ein geringes Selbstwertgefühl oder Selbstvertrauen haben, was bedeutet, dass Sie daran arbeiten können, Ihr Selbstwertgefühl und Ihren Selbstwert zu stärken. Wenn Sie sich enttäuscht fühlen, weil Sie für selbstverständlich gehalten werden, müssen Sie vielleicht mehr Durchsetzungsvermögen entwickeln. Emotionen haben eine große Aussagekraft, wenn man sich objektiv auf sie einstellt, anstatt sie zu bewerten.

Nehmen wir an, Sie haben Angst vor etwas, dann werden Sie automatisch daran arbeiten, die notwendigen Maßnahmen zu ergreifen, um sich zu schützen. Ebenso hilft uns das Erleben von Traurigkeit oder Verlust zu verstehen, was in unserem Leben am wichtigsten ist oder welche Dinge uns wichtig sind.

Vielleicht haben Sie einen Streit und sprechen nicht mehr mit Ihrem besten Freund. Das macht Sie traurig und deprimiert. Diese emotionale Information ist also von unschätzbarem Wert, denn sie macht Ihnen klar, dass die Freundschaft Ihnen viel bedeutet und es nicht wert ist, sie wegen Kleinigkeiten zu verlieren.

Inwiefern ist Traurigkeit also eine schlechte Emotion? Emotionen geben uns Informationen, die wir nutzbringend einsetzen können. Sie können genutzt werden, um zu erkennen, was in Ihrem Leben wichtig und relevant ist. Nutzen Sie Emotionen als Mittel, um Ihre wahren Gefühle zu erkennen, und machen Sie sie sich positiv zunutze.

Die oberste Regel für die Entwicklung größerer Einsichten in die emotionale Intelligenz ist, dass Sie aufhören, sie zu bewerten, zu beurteilen oder zu unterdrücken.

# Wiederkehrende emotionale Muster erkennen

Dies ist einer der besten Aspekte, um eine größere Selbsterkenntnis zu erlangen. Das menschliche Gehirn ist dafür bekannt, dass es dazu neigt, bereits bestehenden neuronalen Bahnen zu folgen, anstatt neue zu schaffen. Die bereits angelegten neuronalen Bahnen erfüllen nicht immer einen konstruktiven oder positiven Zweck. Die gute Nachricht: Neuronale Bahnen, die keinen positiven Beitrag leisten, kann man ändern.

Wenn eine Person zum Beispiel wütend wird, kann es sein, dass sie ihre ganze Wut in sich aufstaut, anstatt sie frei auszudrücken. Das kann zu einem gefährlichen Muster werden und dem Gehirn falsche Signale senden, damit es dieses Muster fortsetzt. Jedes Mal, wenn Sie überwältigende Wut empfinden, werden Sie Ihre Gefühle in sich aufstauen, anstatt sie frei auszudrücken.

Dies wird zu einem festen Gefühlsmuster. Wenn Sie sich jedoch dieses Musters bewusst sind, werden Sie Wege finden, um auf die Situation zu reagieren, anstatt auf einen Impuls zu reagieren oder die Emotion zu unterdrücken. Die Reaktion auf die Emotion kann jedoch erst erfolgen, wenn Sie ein Muster erkannt haben.

Erkennen Sie, wie Emotionen entstehen und was Sie zu bestimmten Gefühlen veranlasst. Dabei kann es ein vorhersehbares oder erkennbares Muster geben. Wenn wir

Frustration empfinden, nehmen wir die Situation eher negativ wahr. Wenn wir von Angst zerfressen sind, interpretieren wir äußere Reize oder Auslöser eher als Bedrohung.

Wenn wir uns dieser bereits bestehenden Vorurteile und ihrer Auswirkungen auf unsere Emotionen durch ein Muster bewusst sind, können wir Muster durchbrechen, die uns nicht dienlich sind. Je mehr Sie sich auf Ihre Vorurteile einstellen, desto geringer ist die Wahrscheinlichkeit, dass Sie Auslöser falsch interpretieren oder von ihnen beeinflusst werden.

Die Stimme der dritten Person

Studien über die Benennung unserer Gefühle haben gezeigt, dass wir eine größere Selbsterkenntnis entwickeln, wenn wir versuchen, uns von unseren Gefühlen zu distanzieren und sie in einem objektiven Licht wahrzunehmen. Die Distanzierung von unseren Gefühlen verleiht dem Prozess mehr Objektivität. Jedes Mal, wenn Sie den übermächtigen Drang verspüren, zu denken: "Ich bin furchtbar verletzt oder verärgert", versuchen Sie zu sagen: "John/Jill ist furchtbar verletzt oder verärgert."

Ich weiß, es klingt lächerlich. Es wird jedoch dazu führen, dass Sie das Gefühl gerade so weit unpersönlich machen, dass Sie es unvoreingenommen verstehen können. Wenn Sie möchten, können Sie es etwas abschwächen, indem Sie etwas sagen wie "Ich erlebe Trauer" oder "Eine meiner Emotionen ist derzeit Trauer".

Durch diese Techniken entfremden Sie sich leicht von starken Emotionen, um ausgeglichener und gelassener zu bleiben. Es ist fast so, als würden Sie Ihre Gefühle als eine weitere Information betrachten, anstatt von ihnen überwältigt zu werden.

Jedes Mal, wenn Sie einen starken Drang verspüren, auf einen emotionalen Impuls zu reagieren, nehmen Sie sich Zeit, die Emotion zu benennen. Beziehen Sie sich später auf das Erleben der Emotion in der dritten Person, um sich von der Emotion zu entfernen und sie objektiver zu betrachten.

## Erkennen von Emotionen anhand physiologischer Reaktionen

Unsere Gefühle beeinflussen uns nicht nur psychologisch, sondern auch auf physiologischer Ebene. Zum Beispiel können Sie kurz vor einer Präsentation oder einem wichtigen Treffen eine überwältigende Angst verspüren. Was sind die physiologischen Anzeichen für diese Angst oder Nervosität? Ein unangenehmes Gefühl im Magen, ein trockener Hals, Schweißausbrüche, zitternde Hände und Beine und so weiter.

Wenn wir aufgeregt sind oder uns auf etwas freuen, beginnt unser Herz schneller zu klopfen! Haben Sie das nicht auch schon erlebt, kurz bevor Sie Ihren Schwarm treffen oder zu einem Date gehen? Nervosität kann zu

Muskelverspannungen führen, während Angst unseren Pulsschlag erhöhen kann.

Studien haben ergeben, dass wir bei starken Emotionen bestimmte physiologische Reaktionen zeigen. Diese körperlichen Reaktionen sind eng mit unserem Gemütszustand verbunden und treten auf, wenn bestimmte Körperteile durch bestimmte Emotionen aktiviert werden.

Es gibt Muster von körperlichen Empfindungen, die eng mit jeder der sechs grundlegenden Emotionen verbunden sind, die wir erleben - nämlich Glück, Überraschung, Traurigkeit, Angst, Wut und Ekel. Diese überschneiden sich mit physiologischen Empfindungen, die der Körper empfindet. So können beispielsweise betäubte Gliedmaßen mit Trauer in Verbindung gebracht werden.

Ebenso können verstärkte Empfindungen der Gliedmaßen mit Wut in Verbindung gebracht werden. Bei einem überwältigenden Gefühl des Ekels treten seltsame Empfindungen im Hals, in der Brust und im Verdauungssystem auf. In ähnlicher Weise führen Angst, Überraschung und Erstaunen zu einem seltsamen Gefühl in der Brust.

## Für konstruktives Feedback und Kritik empfänglich sein

Einer der klügsten Wege, ein besseres Bewusstsein für Ihre Gefühle zu entwickeln, besteht darin, für Rückmeldungen, Vorschläge und Kritik von anderen empfänglicher zu sein.

Ein Freund könnte Ihnen beispielsweise mitteilen, dass er/sie das Gefühl hat, dass Sie sich nicht aufrichtig über seine/ihre Leistungen freuen. Er/sie spürt jedes Mal, wenn er/sie über seine/ihre Leistungen spricht, starke Neidgefühle in Ihnen. Dies kann Ihnen helfen, wertvolle Informationen über Ihre Gefühle und Auslöser zu gewinnen.

Emotional intelligente Menschen sind empfänglich und offen für die Idee, Feedback zu erhalten und die Perspektive der anderen Person in Betracht zu ziehen. Sie stimmen vielleicht nicht mit dem überein, was die Person sagt, aber Sie werden trotzdem verstehen, warum die Person sagt, was sie sagt. Emotional intelligente Menschen sind jedoch flexibel und offen genug, um sich konstruktives und objektives Feedback anzuhören.

Dies hilft emotional intelligenten Menschen, ihre Schwachstellen zu erkennen und an ihnen zu arbeiten. Sie sind in der Lage, ihre Auslöser, Handlungen, Gedanken und ihr Verhalten besser zu erkennen.

Haben Sie nicht auch schon erlebt, dass Menschen aktiv Feedback von anderen über sich selbst einholen? Dabei geht es nicht nur darum, sich zu bestätigen oder akzeptiert zu werden. Manchmal ist es eine echte Möglichkeit, die eigenen Handlungen und Gefühle aus der objektiven Perspektive einer anderen Person zu verstehen. Es ist ein

Emotionsmesser, der Ihnen hilft, einen unvoreingenommenen Blick auf Ihre Emotionen zu werfen und sie gleichzeitig besser zu steuern.

Ich hatte einen Freund, der die Angewohnheit hatte, bei jeder gesellschaftlichen Zusammenkunft im Mittelpunkt zu stehen. Im Laufe der Zeit entwickelte er sich emotional weiter und erkannte, dass dies keine Eigenschaft war, auf die er stolz sein konnte. Er wollte wirklich nicht als jemand erscheinen, der die Aufmerksamkeit sucht. Daraufhin forderte er seine Freunde auf, ihn jedes Mal höflich und bestimmt darauf hinzuweisen, wenn er ein Gespräch an sich reißt oder versucht, sich ins Rampenlicht zu drängen. Diese Strategie funktioniert gut, wenn Sie sich Ihrer Schwächen bewusst sind und daran arbeiten wollen.

Bitten Sie ein Familienmitglied, einen Mitarbeiter oder einen Freund, Sie diskret auf Ihr Verhalten aufmerksam zu machen. Bitten Sie Ihre Vorgesetzten oder Mitarbeiter, Ihnen konstruktive Vorschläge zu unterbreiten, wie Sie bestimmte Verhaltens- oder Denkmuster überwinden können. Dies wird Ihnen helfen, Ihre Stärken optimal zu nutzen und an Ihren Schwächen zu arbeiten, um Ihre emotionale Intelligenz insgesamt zu steigern.

Was sind Ihre emotionalen und verhaltensbezogenen Kernkompetenzen? Sind Sie eher einfühlsam und mitfühlend? Sind Sie ein Teamplayer? Sind Sie ein inspirierender Anführer und Kommunikator? Nehmen Sie die Hilfe anderer Menschen in Anspruch, um Ihre emotionalen Stärken und Schwächen zu ermitteln, und nutzen Sie dieses Wissen, um Ihre Emotionen, Gedanken und Ihr Verhalten effektiver zu steuern.

Selbsterkenntnis ist keine kurze Reise. Es ist ein lebenslanges Streben, das sich ständig weiterentwickelt und Ihnen hilft, ein besserer Mensch zu werden und lohnendere zwischenmenschliche Beziehungen zu genießen.

## Ihre emotionalen Daten effektiv nutzen

Betrachten Sie Ihre Gefühle als wichtige Daten, die Ihnen helfen können, die Dinge aus einer objektiveren Perspektive zu betrachten. Vermeiden Sie es, Ihre Gefühle zu unterdrücken, zu bekämpfen, zu ignorieren oder von ihnen überwältigt zu werden. Behandeln Sie sie als eine unschätzbare Informationsquelle, die Ihnen helfen kann, ein bewussteres, positiveres und lohnenderes Leben zu führen.

Das Hauptziel des emotionalen Bewusstseins besteht darin, sich auf unsere Gefühle zu konzentrieren und sie konstruktiv zu nutzen, um ein beabsichtigtes oder gewünschtes Ergebnis zu erreichen. Wenn Sie Ihre Emotionen unterdrücken, nehmen Sie sich selbst die Möglichkeit, aus ihnen zu lernen und Informationen aufzunehmen.

Statt sie als überwältigendes Gefühl zu behandeln, sollten Sie sie als klare Daten betrachten, die Ihr Weltbild prägen und Sie dazu bringen, auf eine bestimmte Weise zu handeln. Wenn Sie diese Informationen annehmen und daraus lernen, haben Sie Zugang zu einer Vielzahl von Emotionen, die Sie in eine positive Richtung lenken können. Emotionen als eine Form von Daten zu erkennen, zu würdigen und anzuerkennen, ist ein wesentlicher Bestandteil des Prozesses der Selbsterkenntnis. Arbeiten Sie mit den Informationen, anstatt zu versuchen, sie zu bekämpfen. Lernen Sie, Ihre Emotionen objektiv wahrzunehmen, ohne sie zu beurteilen oder zu fixieren.

## Achtsamkeit und tiefes Atmen üben

Unsere Emotionen werden physiologisch erlebt. Wenn wir Wut, Kummer, Enttäuschung und andere Emotionen erleben, werden sie durch die körperlichen Reaktionen sichtbar. Unser Körper reagiert unwillkürlich auf die Emotionen auf einer evolutionären Ebene. Wie wird Ihr Körper reagieren, wenn Sie plötzlich ein wildes Tier auf Ihrem Weg entdecken? Einige der häufigsten Reaktionen sind ein schnellerer Herzschlag, ein schnellerer Puls, Schweißausbrüche, zitternde Gliedmaßen, eine flachere Atmung und so weiter.

Wenn wir angesichts dieser scheinbar überwältigenden Emotionen gelassen bleiben, ändern sich unsere Gefühle schnell. Wenn wir körperliche Stresssymptome bekämpfen, fühlt sich der Geist automatisch gut an. Jedes Mal, wenn Sie sich nervös, ängstlich oder angespannt fühlen, atmen Sie tief ein oder üben Sie sich in Meditation.

Stimmen Sie sich auf Ihr inneres Selbst ein und achten Sie genau auf Ihre Gefühle. Wie fühlt es sich an, wenn Sauerstoff in Ihre Kehle, Lunge, Brust, Zwerchfell und Magen eindringt? Konzentrieren Sie sich bewusst auf Ihre Gefühle, ohne sie zu bewerten. Bleiben Sie im gegenwärtigen Moment, während Sie Ihre Gefühle anerkennen, ohne sie zu bewerten. Konzentrieren Sie sich auf den Luftstrom, der in Ihren Bauchraum ein- und ausströmt. Schon ein paar tiefe Atemzüge reichen aus, um Sie in eine positivere Stimmung zu versetzen.

Wenn Sie feststellen, dass Ihr Geist mit verschiedenen Gedanken vom Atem abschweift, nehmen Sie die Emotion sanft wahr, ohne sie zu bewerten oder sich von ihr beeinflussen zu lassen. Nehmen Sie den Gedanken zur Kenntnis und lassen Sie ihn vorüberziehen, bevor Sie sich wieder auf den Atem konzentrieren. Bleiben Sie bewusster und zielgerichteter in der Gegenwart! Vermeiden Sie es, dass Gedanken über die Vergangenheit oder die Zukunft Ihren Geist beschäftigen, und konzentrieren Sie sich ausschließlich auf den Atem. Beobachten Sie die Veränderung Ihrer emotionalen Frequenz.

Üben Sie Achtsamkeit oder die Konzentration auf die Gegenwart auf eine nicht wertende und bewusste Art und Weise in allen Bereichen des Lebens, wie z. B. beim Essen, beim Gehen und vielem mehr. Es wird Ihnen helfen, sich zu beruhigen (vor allem, wenn Sie ein eher emotionaler, impulsiver Mensch sind) und mehr Klarheit zu gewinnen. Die Praxis der Achtsamkeit verringert auch die Gefahr, von schädlichen Gefühlen und Emotionen überwältigt zu werden.

# Kapitel 3: Emotionale Intelligenz und Umgang mit Ihren Gefühlen

Im vorigen Kapitel haben wir gesehen, wie Sie Ihre Selbsterkenntnis über Ihre Gefühle und Emotionen stärken können. Wenn Sie Ihre innersten Gefühle verstehen, ist es einfacher, sie zu steuern. Die Beziehungen und der Beruf, die wir in unserem Leben genießen, sind oft ein direktes Ergebnis unserer Fähigkeit, unsere Gefühle zu regulieren. Die Beherrschung Ihrer Gefühle ist nicht nur ein wesentlicher Bestandteil einer harmonischen Beziehung zu sich selbst und anderen.

Hier sind einige der wirkungsvollsten und bewährtesten Geheimnisse zur Steuerung und Regulierung Ihrer Emotionen.

1. Sprechen Sie über Ihre Gefühle. Verbringen Sie Zeit damit, über Ihre Gefühle zu sprechen und sich mit anderen Menschen auszutauschen, anstatt über Ihre Gefühle zu grübeln oder nachzudenken. Wenn Sie ständig darüber nachdenken, ist die Wahrscheinlichkeit groß, dass Sie diese Gefühle aus Ihrer Perspektive eindimensional betrachten.

Wenn Sie jedoch mit einer vertrauenswürdigen Person, die Sie gut kennt, darüber sprechen, betrachten Sie diese Gefühle aus einer anderen Perspektive, was Ihnen helfen kann, sie mit einer offeneren und umfassenderen Sichtweise zu verstehen. Bauen Sie Verbindungen zu

Menschen auf, um Ihre Emotionen besser zu verstehen und zu bewältigen.

2. Vermeiden Sie es, ein Opfer von negativem Denken zu werden. Lernen Sie, Ihren inneren Kritiker herauszufordern und die Häufigkeit von schädlichen und destruktiven Gedanken auf positive und konstruktive Ansätze zu verlagern. Jedes Mal, wenn Sie das Gefühl haben, von einem negativen Gedanken überwältigt zu werden, führen Sie eine körperliche Handlung aus (z. B. ein Gummiband um Ihr Handgelenk schnappen oder sich kneifen). Suchen Sie dann nach Beweisen, die Ihre negativen Gedankenmuster infrage stellen. Die Idee ist, dieses negative Gefühl zu hinterfragen, indem Sie nach Beweisen suchen, die im Gegensatz zu dem stehen, was Sie glauben.

Wenn Ihr Partner beispielsweise nicht auf Ihre Nachricht geantwortet hat, sollten Sie, anstatt zu denken, dass er/sie sich einen Dreck um Ihre Gefühle schert oder mit jemand anderem beschäftigt ist, Beweise gegen dieses negative Gefühl sammeln. Denken Sie an all die Male, in denen er/sie prompt auf Ihre Nachricht geantwortet hat, Fürsorge und Zuneigung gezeigt hat und in schwierigen Zeiten für Sie da war.

Vermeiden Sie katastrophales Denken oder Denken in Extremen. Entwickeln Sie einen positiveren Denkprozess. Oft sind die Dinge nicht so schlimm, wie wir sie uns vorstellen. Machen Sie es sich bewusst zur Gewohnheit, Beweise gegen negatives Denken zu sammeln, um Ihre

Fähigkeit zu steigern, die Situation positiver wahrzunehmen.

3. Konzentrieren Sie sich auf Ihre Stärken. Die Konzentration auf Ihre Stärken ist eine der besten Möglichkeiten, mit Ihren Emotionen umzugehen. Wenn Sie sich mehr von dem gönnen, was Sie tun, entwickeln Sie eine positivere, ausgeglichenere und inspiriertere Denkweise, die es schließlich einfacher macht, mit übermächtigen Emotionen umzugehen.

Dies hilft uns, zunehmenden Stress und Depressionen in Schach zu halten. Das Gleichgewicht zu finden und emotionales Verhalten zu regulieren ist einfacher, wenn Sie sich auf Ihre Stärken besinnen.

4. Vermeiden Sie die Tendenz, aus Maulwurfshügeln einen Berg zu machen. Eine kluge Auswahl der Streitigkeiten ist entscheidend für den Prozess der Bewältigung unserer Emotionen. Wenn man um alles streitet, hat man am Ende nichts. Wenn wir unsere Streitigkeiten nicht mit Bedacht wählen, sind wir am Ende frustriert, gestresst, enttäuscht und verwirrt.

Manchmal ist es das Beste, loszulassen. Jedes Mal, wenn eine schwierige Situation auftaucht, sollten Sie sich fragen, wie wichtig oder dringend sie ist, bevor Sie in Panik oder Streitstimmung geraten. Der menschliche Verstand ist seit der Evolution darauf trainiert, Dinge überzubewerten. Wir neigen dazu, uns das Schlimmste vorzustellen, selbst wenn die Dinge gar nicht so schlimm sind, wie sie erscheinen. Um ein glücklicheres, emotional ausgeglicheneres und weniger stressiges Leben zu führen, sollten Sie lernen, kleine Dinge einfach ruhen zu lassen. Sie müssen nicht auf alles reagieren.

5. Seien Sie freundlich, rücksichtsvoll und mitfühlend. Freundlichkeit, Rücksichtnahme und Mitgefühl gegenüber anderen Menschen zu zeigen, befreit Sie aus den Fängen von Stress und Negativität. Wenn Sie zufällige oder gut durchdachte freundliche Taten für andere vollbringen, fühlen Sie sich selbst wohler und zufriedener, was wichtig für den Stressabbau und die Bewältigung schwieriger Emotionen ist.

Indem wir Freundlichkeit zeigen und geben, entwickeln wir eine größere Wertschätzung für das, was wir haben, was wiederum unser positives Denken fördert. Wir werden auch akzeptabler und entgegenkommender gegenüber den Menschen um uns herum. Der Gedanke, dass man einen kleinen Unterschied im Leben eines anderen gemacht hat, kann die positiven Emotionen schnell in die Höhe treiben.

6. Akzeptieren Sie, was nicht geändert werden kann. Es gibt viele Dinge um Sie herum, die Sie nicht kontrollieren oder ändern können, auch wenn Sie es gerne würden. Akzeptieren Sie sie und machen Sie weiter. Konzentrieren Sie sich auf den Segen und schätzen Sie die guten Dinge, die Sie umgeben. Es ist sinnlos, sich ständig mit Dingen zu beschäftigen, die wir nicht kontrollieren können.

Zu viel Jammern, Zynismus und Kritik sind ein Indikator für einen niedrigen emotionalen Quotienten und soziale Anpassungsfähigkeit. Bleiben Sie gelassen, und nehmen Sie die Dinge um sich herum bewusster wahr. Ändern Sie, was möglich ist, und akzeptieren Sie, was nicht geändert werden kann. Seien Sie nicht hart zu sich selbst für das, was Sie nicht ändern können oder was außerhalb Ihrer Kontrolle liegt. Richten Sie Ihre Energie und Aufmerksamkeit stattdessen auf das, was Sie ändern können. Wenn Sie zum Beispiel einen ständig nörgelnden oder egoistischen Chef haben, der Sie niedermacht, können Sie seine Persönlichkeit vielleicht nicht ändern. Sie können jedoch Ihre Reaktion kontrollieren, indem Sie sich von seinem Verhalten nicht beeinflussen lassen oder den Arbeitsplatz wechseln. Dies ist entscheidend für die Entwicklung einer größeren emotionalen Intelligenz.

7. Verwenden Sie eine Kombination aus Logik und Emotionen, um kritische Entscheidungen zu treffen. Erinnern Sie sich an einige Ihrer besten Entscheidungen, und Sie werden feststellen, dass sie eine Mischung aus Logik und Emotionen sind. Wenn Sie es vermeiden, Ihren emotionalen Impulsen nachzugeben und innezuhalten, bevor Sie reagieren, haben Sie eine gute Chance, in Ihrem besten Interesse zu denken, zu handeln und zu reagieren.

Emotionale Reaktionen und Entscheidungen allein helfen Ihnen nicht immer zum Erfolg. Sie brauchen auch logische Überlegungen. Wenn Sie das nächste Mal den übermächtigen Drang verspüren, Ihren Vorgesetzten anzuschreien, versuchen Sie, die logischen Gründe zu verstehen, warum er sich gestresst oder unter Druck gesetzt fühlt. Vielleicht hat er/sie mit übermäßigem Druck seitens seiner/ihrer Vorgesetzten zu kämpfen, oder er/sie ist von einem persönlichen Problem betroffen. Jedes Mal, wenn Sie das dringende Bedürfnis verspüren, zu reagieren, nehmen Sie sich etwas Zeit, um die Situation und die Person zu verstehen, bevor Sie reagieren. Das wird Ihnen viel Stress ersparen.

Im Beispiel der Führungskraft können Sie ihm/ihr, anstatt ihn/sie anzuschreien, sanft mitteilen, dass Sie verstehen, dass er/sie aufgrund des Drucks der Geschäftsleitung gestresst ist, dass er/sie aber sicher sein kann, dass Sie Ihr Bestes tun und ihn/sie nicht enttäuschen werden.

Ermuntern Sie sie/ihn, Vertrauen in Ihre Fähigkeiten zu haben, anstatt sie/ihn zu beschuldigen, ein Tyrann zu sein. Bevor Sie in einer hitzigen und schwierigen Situation handeln, sollten Sie innehalten und nachdenken. Gehen Sie im Geiste alle Möglichkeiten durch, die Sie haben, und entscheiden Sie dann, wie Sie vorgehen wollen.

Nehmen wir an, Sie haben es mit einer heiklen Situation zu tun, in der ein ansonsten effizienter, leistungsfähiger und beliebter Mitarbeiter beim Stehlen von Sachen am Arbeitsplatz erwischt wird.

Es gibt viele Möglichkeiten, mit dieser Situation umzugehen. Er/sie kann der Polizei übergeben und entlassen werden, womit Sie einen wertvollen Aktivposten verlieren, der beständig zur Leistung des Unternehmens beiträgt. Dann können Sie damit drohen, gerichtlich oder auf Unternehmensebene gegen ihn/ihr vorzugehen. Sie können sich mit ihm/ihr zusammensetzen und über den

Grund seines/ihres Handelns sprechen, um zu verstehen, woher er/sie kommt.

Bevor Sie impulsiv reagieren, sollten Sie versuchen, die Folgen jeder möglichen Maßnahme (einschließlich ihrer Vor- und Nachteile) durchzugehen, bevor Sie reagieren. Dies wird Ihnen helfen, ausgewogenere Entscheidungen zu treffen und weniger impulsive, unüberlegte Reaktionen zu zeigen, die Sie auf lange Sicht bereuen werden.

8. Sport treiben. Sport ist eine wunderbare Möglichkeit, die Gehirnchemikalie Dopamin freizusetzen, die uns ein Gefühl von Hochgefühl, Positivität, Belohnung und Freude vermittelt. Es ist ein Wohlfühlhormon, das Sie in einen natürlich positiven und glücklichen Geisteszustand versetzt. Dadurch sind Sie weniger reizbar und können Ihre Emotionen besser regulieren.

9. Verbringen Sie Zeit im Freien. Wenn Sie Zeit im Freien verbringen, öffnen Sie Ihren Geist, Ihren Körper und Ihre Seele für eine frische Sauerstoffzufuhr. Frische Luft kann Ihrem Körper und Ihrem Gehirn sehr guttun. Die Tatsache, dass die Natur beruhigend und therapeutisch wirkt, ist kein Geheimnis. Jedes Mal, wenn Sie sich von Emotionen überwältigt fühlen, machen Sie einen langen Spaziergang im Wald. Die Schönheit der Natur und ihre Ressourcen sind dafür bekannt, dass sie unseren Geist beruhigen und sich positiv auf unsere Gefühle auswirken. Setzen Sie sich auf einen üppig grünen Hügel oder in einen Park in Ihrer Nähe, um eine positive, wohltuende Naturtherapie zu machen.

10. Drücken Sie Ihre Dankbarkeit aus. Entwickeln Sie die Gewohnheit, Segnungen zu schätzen, anstatt über Dinge zu jammern. Schätzen Sie alles, was andere für Sie tun, und drücken Sie Ihre Dankbarkeit aus, anstatt es als selbstverständlich zu betrachten. Bedanken Sie sich häufig bei anderen. Seien Sie dankbar für alles, was Sie haben. Zählen Sie am Ende Ihres Tages alle Dinge auf, für die Sie dankbar sind oder die im Laufe des Tages passiert sind. Das kann die Fahrt mit dem Auto zur Arbeit sein oder die Projekte, an denen Sie arbeiten dürfen, oder das Dach über Ihrem Kopf. Es gibt viele Dinge, für die man dankbar sein kann. Das Zählen Ihrer Segnungen ist eine der besten Möglichkeiten, das Positive um Sie herum wahrzunehmen und Ihr positives Denken zu steigern. Machen Sie jeden Tag eine Liste mit neuen Segnungen, und Sie werden feststellen, für wie viel Sie dankbar sein können.

11. Lenken Sie sich von negativen oder überwältigenden Gefühlen ab. Lenken Sie sich mental von negativen Gedanken ab und konzentrieren Sie sich auf interessante und lustige Ablenkungen, wie z. B. Ihre Lieblings-Comedy-Show oder einen Film anzusehen, ein inspirierendes Buch zu lesen, in humorvollen Comics zu blättern oder im Internet nach lustigen Videos zu surfen. Das ist eine wunderbare Methode, um die Frequenz Ihres Geistes von negativ auf positiv umzuschalten und sich gut zu fühlen.

Dies sollte nicht als Flucht vor Ihren Gefühlen verstanden werden. Sie machen lediglich eine Pause von ihnen, um Ihre Gedanken, Gefühle und Emotionen neu zu ordnen und später zu überprüfen, ob Sie bei dem Thema oder der

Situation anders empfinden. Manchmal weicht unsere frühere, impulsgesteuerte Reaktion davon ab, wie wir die Situation später wahrnehmen. Eine Pause von unseren Gefühlen gibt uns die Möglichkeit, die Intensität unserer Gefühle einzuschätzen und festzustellen, ob wir dasselbe fühlen wie bei unserer ersten Reaktion.

12. Bleiben Sie auf das größere Bild oder die größere Perspektive fixiert. Jede positive oder negative Situation in unserem Leben dient dazu, einen höheren Zweck zu erfüllen, der im ersten Moment nicht offensichtlich ist. Wahre Weisheit und emotionale Intelligenz entstehen, wenn man ein Problem aus einer breiteren Perspektive betrachtet. Selbst wenn Sie die wahre Bedeutung einer Situation anfangs nicht verstehen, werden Sie sie erkennen, wenn sie sich am Ende entfaltet. Manchmal brauchen wir nur die Perspektive zu wechseln, um eine schwierige oder scheinbar negative Situation in einem positiveren Licht zu sehen.

13. Verwenden Sie Mantras und Slogans. Eine wirksame Technik zur Kontrolle und Bewältigung Ihrer Gefühle ist die Verwendung von Slogans und Mantras. Jedes Mal, wenn Sie einen übermächtigen Drang verspüren, Ihre Emotionen auszudrücken, verwenden Sie einen Slogan oder ein Mantra, um sich in eine positivere Geisteshaltung zu versetzen. Erfinden Sie einen bedeutungsvollen, absichtlichen und zielgerichteten Slogan oder ein Mantra wie "Dieses Gefühl hält nicht ewig an" oder "Ich verstehe, dass diese Veränderung für das allgemeine Wohl ist."

14. Finden Sie konstruktive Wege, um negative Gefühle loszulassen. Das Aufstauen von Emotionen kann destruktiv, ungesund und stressig sein. Entwickeln Sie Hobbys und kreative Beschäftigungen wie Malen, Stricken, Gartenarbeit, Bildhauerei und vieles mehr, um ein gesundes Ventil für aufgestaute Gefühle zu finden. Sprechen Sie mit jemandem, dem Sie vertrauen, holen Sie sich eine unvoreingenommene Meinung von einer vertrauten Person und suchen Sie professionelle Hilfe, um ein gutes Verständnis für Ihre Gefühle zu entwickeln. Ich kenne mehrere Menschen, die aggressive Sportarten wie Kickboxen als kathartisch empfinden. Wieder andere wenden sich der Meditation und dem Mantra-Singen zu, um sich von angesammelten negativen Emotionen zu befreien.

15. Verlassen Sie die Opferperspektive. Emotional intelligente Menschen spielen nur selten Opfer. Einer der grundlegenden Schritte zur Steigerung Ihres emotionalen Quotienten besteht darin, die Opfermentalität oder das Opfersyndrom aufzugeben. Erkennen Sie, dass die Lösung für Ihr Problem in Ihnen selbst liegt. Auch wenn wir unsere Umstände nicht kontrollieren können, so können wir doch unsere Reaktion oder unsere Antworten darauf steuern.

Emotional intelligente Menschen schieben die Schuld nicht auf andere Menschen oder Umstände oder spielen die Opfer. Sie sind proaktiver, wenn es darum geht, Dinge zu ändern, die sich ändern lassen, und reif genug, Dinge zu akzeptieren, die sich nicht ändern lassen. Menschen mit einem hohen emotionalen Quotienten sind sich ihrer

Grenzen bewusst, was ihnen erlaubt, ihre Unzulänglichkeiten zu akzeptieren.

16. Regulieren Sie Ihre Impulse. Einer der wichtigsten Aspekte bei der Entwicklung einer höheren emotionalen Intelligenz besteht darin, bewusst daran zu arbeiten, Ablenkungen zu überwinden, einen analytischeren Ansatz gegenüber Impulsen zu entwickeln und Bewältigungsstrategien zu schaffen.

Jedes Mal, wenn Sie in eine Situation mit übermächtigen Impulsen geraten, zählen Sie rückwärts von zehn bis eins oder konzentrieren Sie sich auf Gedanken zur Ablenkung, die Sie im Voraus festgelegt haben. Legen Sie eine Reihe von Gedanken beiseite, wenn Ihre ablenkenden Gedanken auftauchen.

Jedes Mal, wenn Sie den Drang verspüren, auf Ihre Impulse zu reagieren, kehren Sie zu Ihren ablenkenden Gedanken zurück. Trainieren Sie, Ihre Gedanken schnell zu wechseln oder das Gesprächsthema zu wechseln. Lassen Sie sich nicht in ein Gespräch verwickeln, das negative oder potenziell destruktive Gefühle in Ihnen auslöst.

Analysieren Sie Ihre Gefühle, Gedanken und Emotionen jedes Mal rational, wenn Sie ein Gefühl der Impulsivität verspüren. Hinterfragen Sie sich selbst, warum Sie sich auf ein belastendes Problem oder eine Situation konzentrieren.

Fragen Sie sich, inwiefern das Nachdenken oder Grübeln über das Thema für Sie von Vorteil ist. Sollte Ihr Geist mit anderen Gefühlen beschäftigt sein? Was sind die besten Alternativen für diese Gedanken und Impulse?

Viele Menschen, die daran arbeiten, ihre emotionale Intelligenz zu steigern, entwickeln eine Bewältigungsstrategie, bei der sie eine Reihe vorher festgelegter Gedanken verwenden, die ihnen helfen, Impulse zu bekämpfen.

Zu diesen Bewältigungsgedanken können positive Slogans gehören wie "Ich habe die volle Kontrolle über meine Emotionen, Gefühle und Gedanken" oder "Ich muss nicht sofort auf die Emotion reagieren" oder etwas Ähnliches.

Slogans helfen dabei, die Idee in Ihrem Unterbewusstsein zu verstärken, die Ihre Handlungen darauf ausrichtet, nicht sofort auf den Impuls zu reagieren.

Sorgen Sie für Ihre eigenen Bewältigungsmechanismen für den Fall, dass ein starker emotionaler Impuls auftritt. Dies geschieht vielleicht nicht sofort. Mit konsequentem Training und Übung werden Sie jedoch die Kunst erlernen, Ihre Impulse und Reaktionen zu kontrollieren.

Reagieren Sie nicht sofort auf den emotionalen Impuls. Wenn Sie ihm sofort nachgeben, werden Sie höchstwahrscheinlich etwas tun oder sagen, das Sie bereuen, sobald der Impuls abklingt. Balancieren Sie den überwältigenden emotionalen Impuls aus.

17. Stop-Drop-Technik - Jedes Mal, wenn Sie von einem unwiderstehlichen Drang überwältigt werden, einer belastenden Emotion nachzugeben, schreiben Sie Ihre

Gefühle im Detail auf. Achten Sie darauf, dass sie deutlich erwähnt werden, um sie anzuerkennen.

Wenn Sie in den 90er Jahren aufgewachsen sind, haben Sie wahrscheinlich die inzwischen veralteten Videorekorder gesehen. Sie hatten eine große, auffällige Pausentaste in der Mitte. Das ist genau das, was Sie mit Ihren Gedanken machen werden. Drücken Sie die Pausentaste, wenn sie aus dem Ruder laufen.

Richten Sie die Aufmerksamkeit auf Ihr Herz als den Ursprungsort aller Gefühle! Denken Sie an etwas außergewöhnlich Schönes, das Sie kürzlich erlebt haben. Das kann ein atemberaubender Sonnenuntergang sein, den Sie auf einem Ihrer Ausflüge eingefangen haben, oder Muscheln, die Sie am Strand entdeckt haben, eine blühende Blume im Garten, ein süßes Hündchen, das Sie in der Nachbarschaft gesehen haben - alles, was in Ihnen glückliche, positive, wohltuende Gefühle hervorruft.

Das Ziel ist es, Ihre emotionale Frequenz zu verändern. Lassen Sie das Gefühl eine Zeit lang in Ihrem Wesen schweben. Konzentrieren Sie sich auf die positiven Gefühle und Erfahrungen in Ihrem Herzen und Ihrem Wesen. Wenn es immer noch schwierig zu sein scheint, atmen Sie lange und tief ein.

Halten Sie an dem glücklichen, positiven Gefühl fest und genießen Sie es. Nehmen Sie das positive Gefühl einfach zur Kenntnis, ohne sich unter Druck zu setzen, die scheinbar negativen oder destruktiven emotionalen Impulse zu ersetzen.

Klicken Sie ab und zu mental auf die Pausentaste und gehen Sie die überwältigenden negativen und stressigen Gefühle noch einmal durch? Wie fühlen sie sich an? Schreiben Sie noch einmal alles auf, was Sie gerade erleben oder was Ihre Gedanken beherrscht. Handeln Sie jetzt auf die neuen Gefühle hin, wenn es angebracht ist. Wenn Sie immer noch nicht spüren, dass die negativen Gefühle nachlassen, versuchen Sie es erneut mit der Stop-Drop-Technik.

Der gesamte Prozess ist nicht zeitaufwendig und macht es Ihnen leichter, impulsiven Reaktionen zu widerstehen. Verändern Sie Ihre Gedanken und die darauffolgenden Handlungen, ohne Ihre Gefühle zu unterdrücken und zu untergraben. Sie erkennen Ihre Gefühle an und bewegen sie dann sanft. Wenn sich die Gefühle allmählich verändern, passt sich das Gehirn daran an. Dies ist der Moment, in dem unsere Handlungen mehr von Werten als von unkontrollierbaren, emotionsbasierten Gefühlen bestimmt werden.

# Viertes Kapitel: Der Umgang mit den Emotionen anderer Menschen zum Aufbau erfüllender sozialer Beziehungen

"Ich habe gelernt, dass die Menschen vergessen werden, was du gesagt hast, die Menschen werden vergessen, was du getan hast, aber die Menschen werden niemals vergessen, wie du sie fühlen lässt." - Maya Angelou

## Anwendung der Strategie der Übernahme und Anpassung

Wir bemühen uns oft, die Gefühle einer anderen Person nicht zu spiegeln. So ist der Mensch nicht veranlagt. Die menschliche Rasse ist seit evolutionären Zeiten für ihre Empathie bekannt. Wir sind darauf programmiert, die Emotionen der Menschen um uns herum zu spiegeln. Wir fühlen die Emotionen anderer Menschen.

Manchmal jedoch, anstatt die Gefühle der anderen Person zu spiegeln, nehmen wir den vermeintlich höheren Weg und widerstehen diesem Gefühl, Empathie zu zeigen oder die Emotionen einer anderen Person zu fühlen.

Lassen Sie uns ein Beispiel betrachten. Ihr Partner ist wütend auf Sie und schreit aus Leibeskräften. Sie wissen natürlich, dass er/sie wütend ist. Sie haben gelernt, dass es zur Lösung des Problems gehört, die Situation zu beruhigen und keine Reaktion zu zeigen.

Anstatt zurückzuschreien oder etwas zu sagen, entscheiden Sie sich dafür, ruhig zu bleiben. Dann versuchen Sie, Ihren Partner zu beruhigen. An diesem Punkt geraten die Dinge aus dem Ruder. Ihr wütender Partner bekommt das Gefühl, dass Sie ihn einfach nicht verstehen und sich nicht genug um ihn kümmern, um auf seine Gefühle zu reagieren. Es entsteht das Gefühl, "nicht zu verstehen, was ich vermitteln will" oder "du verstehst mich nie". Sie sagten, Sie hätten versucht, die Situation zu beschwichtigen. Wann ist das denn nach hinten losgegangen?

Das ist der Fall, wenn wir manchmal, anstatt uns den Emotionen des anderen anzupassen, den mächtigen Weg des Streites einschlagen und seine Emotionen und Gefühle nachahmen. Versetzen Sie sich in die Lage Ihres Partners und übernehmen Sie seine Emotionen oder Gefühle.

Dadurch erhalten Sie einen besseren Einblick in die Gemütslage des anderen. Außerdem kann sich die andere Person entspannen, weil sie weiß, dass Sie verstehen können, woher sie kommt.

So wird die Situation harmonischer und weniger verbittert. Distanzieren Sie sich nicht von den Gefühlen der anderen Person, um die Situation aufzutauen. Sie könnten die Situation dadurch nur noch schlimmer machen.

# Fähigkeiten zum aktiven Zuhören entwickeln

Einer der wirksamsten Wege, mit den Gefühlen anderer Menschen umzugehen, ist die Entwicklung der Fähigkeit zum aktiven Zuhören. Die Fähigkeit des Zuhörens ist der Grundstein für Empathie.

Um sich in eine Person einfühlen zu können, müssen Sie sich wirklich auf ihre verbalen und nonverbalen Signale einstellen. Es ist wahrscheinlicher, dass Sie die Gefühle und Emotionen einer Person verstehen, wenn Sie ihr aufmerksam zuhören.

Zeigen Sie echtes Interesse an dem, was eine Person sagt, indem Sie ihr Ihre volle Aufmerksamkeit schenken. Scheinen Sie nicht abgelenkt oder beschäftigt zu sein, wenn eine Person mit Ihnen spricht. Seien Sie achtsam, um die Person besser zu verstehen. Hören Sie den Menschen zu, ohne sie zu beurteilen. Seien Sie sensibel und rücksichtsvoll gegenüber dem, was er sagt. Lassen Sie nicht zu, dass Ihre Vorurteile, Voreingenommenheit und vorgefassten Meinungen die Aussagen Ihres Gesprächspartners beeinflussen. Außerdem sind abschweifende Gedanken ein absolutes Tabu, während Sie einer Person zuhören.

Der beste Weg, einer Person zu zeigen, dass Sie ihr zugehört haben, ist, Fragen zu stellen, um zu überprüfen, ob Sie sie verstanden haben. Sagen Sie z. B.: "Wenn ich richtig verstanden habe, bist du verärgert darüber, dass dein Vorgesetzter dich öffentlich getadelt hat." Bieten Sie durch verbale und nonverbale Gesten Bestätigungen für das Gesagte an.

Umschreiben und fassen Sie zusammen, was die Person gerade gesagt hat, um ihr zu zeigen, dass Sie ihr zugehört haben.

Hören Sie Menschen zu, um sie zu verstehen, nicht um ihre Probleme zu lösen. Viele Zuhörer (natürlich mit edlen Absichten) missverstehen die Absicht des Sprechers, sein Problem bzw. seine Herausforderungen mit ihnen zu teilen. Wir glauben fälschlicherweise, dass jemand, nur weil er/sie mit uns über ein Problem spricht, nach einer Lösung dafür sucht. Die Menschen brauchen Sie nicht immer, um ihre Probleme zu lösen. Manchmal brauchen sie nur ein offenes Ohr.

In seinem Bestseller Männer sind vom Mars, Frauen sind von der Venus erwähnt John Gray, dass einer der größten Unterschiede in Bezug auf Perspektiven und Konfliktthemen zwischen Männern und Frauen darin besteht, dass Männer zuhören, um Lösungen anzubieten, während Frauen einfach nur jemanden wollen, der ihnen zuhört, ohne Lösungen oder Meinungen anzubieten.

Alles, was sie brauchen, ist jemand, der ihnen zuhört und ihre Gefühle versteht.

Manchmal braucht man einfach nur jemanden, der einem zuhört, ohne schnelle Lösungen anzubieten. Geben Sie Erklärungen ab, die den Menschen das Gefühl geben, dass Sie ihnen aktiv zuhören und ihre Gefühle anerkennen.

Bieten Sie sowohl verbale als auch nonverbale Anerkennungen ihrer Gefühle an. Sagen Sie etwas wie "Ja, ich verstehe, wie du dich fühlst" oder "Die Art und Weise, wie du mit der Situation umgegangen bist, ist wirklich lobenswert".

Bleiben Sie unvoreingenommen und offen. Hören Sie nicht mit Vorurteilen, Voreingenommenheit oder vorgefassten Meinungen zu. Widerstehen Sie dem Drang, Menschen zu bezeichnen, zu kategorisieren oder zu kritisieren. Ziehen Sie keine voreiligen Schlüsse.

Viele Zuhörer halten Menschen vom Sprechen ab, weil sie dazu neigen, das Gespräch an sich zu reißen. Versuchen Sie nicht, die Sätze der anderen zu beenden. Vergessen Sie nicht, dass die Person ihre Gedanken, Meinungen, Gefühle und Ideen mitteilt. Erlauben Sie ihnen, sich ungehemmt und ohne Unterbrechung zu äußern.

Solche Äußerungen versichern dem Sprecher, dass Sie ihn verstehen oder mit ihm mitfühlen können. Sie versetzen sich in die Lage der anderen Person, ohne Lösungen, Meinungen oder Urteile anzubieten.

Achten Sie von nun an genau darauf, wie Sie mit anderen Menschen umgehen. Stellen Sie sich am Ende eines jeden Gesprächs die folgenden Fragen.

1. Habe ich der Person aktiv zugehört?

2. War ich zu sehr abgelenkt oder beschäftigt, um ihm/ihr aufmerksam zuzuhören?

3. Habe ich meine Körpersprache verändert oder angepasst, um den Bedürfnissen der Person, mit der ich interagierte, gerecht zu werden? War meine Körpersprache offen, aufnahmefähig, flexibel und ermutigend? Habe ich das, was der Sprecher gesagt hat, umschrieben oder nachgefragt, um ihm zu zeigen, dass ich ihm zuhöre oder um mein Verständnis der Situation zu bestätigen?

Die Beantwortung dieser Fragen gibt Ihnen einen guten Eindruck davon, ob Sie erfolgreich aktives Zuhören praktiziert haben oder ob Sie eine tiefere Verbindung zum Gesprächspartner herstellen konnten. Wie kann man eine Person zum Sprechen bringen, damit sie zuhört oder mehr über ihre Gefühle spricht?

Ein schneller Tipp ist, anstelle von Ja/Nein-Fragen mehr offene Fragen zu stellen. Damit öffnen Sie den Menschen die Tür, damit sie sich öffnen und ihre Gefühle mitteilen können. Stellen Sie mehr offene Fragen, um das Gespräch in Gang zu halten und die Leute zum Reden zu bringen.

So haben Sie die Möglichkeit, den Menschen zuzuhören und sich aktiv auf ihre innersten Gefühle und Emotionen einzustellen. Anstelle von "Bist du verärgert?" (Ja- oder Nein-Frage), versuchen Sie zu fragen: "Warum scheinst du verärgert zu sein? Stellen Sie Fragen, die zum Reden anregen oder ein ausführlicheres Gespräch ermöglichen.

Verwenden Sie reflektierende Aussagen. Sie vermitteln der anderen Person, dass Sie ehrlich versuchen, ihre Gefühle, Gedanken und Handlungen zu verstehen.

Sie entschärfen auch ein potenziell schwieriges Szenario, da Sie die emotionale Reaktion der anderen Person reduzieren. Es klingt nicht anklagend und baut die Abwehrkräfte der anderen Person nicht auf.

Wenn Sie zum Beispiel bemerken, dass jemand verärgert ist, können Sie etwas sagen wie: "Es ist offensichtlich, dass du über etwas verärgert bist. Ich habe zufällig gehört, wie du (was er/sie gesagt hat) gesagt hast, oder ich habe beobachtet, dass du in den letzten Tagen bei den wöchentlichen Treffen nicht viel gesprochen hast (Aktionen), gibt es etwas, das dich verletzt oder verärgert hat? Sie geben der anderen Person die Möglichkeit, sich über ihre Gefühle zu äußern.

Geben Sie eine reflektierende Erklärung ab und fügen Sie am Ende schnell eine Frage hinzu. Zum Beispiel: "Ich sehe, dass du schon eine Weile grübelst. Was ist los?" Wenn Sie bestimmte Emotionen oder Verhaltensmuster beobachten, können Sie diese mit sanften Fragen vertiefen.

Manchmal können wir durch behutsames Nachfragen tiefere, verborgene Gefühle hinter dem Verhalten einer Person aufdecken und dadurch erstaunliche Einsichten oder Klarheit über ihre Gefühle und ihr Verhalten gewinnen.

Wenn eine Person in irgendeiner Situation sehr emotional reagiert, kann man sie am besten dazu bringen, logischer zu denken, indem man ihr ein paar Fragen stellt. Dies ist hilfreich, wenn es darum geht, den Fokus von ihrem emotionalen Zentrum auf das logische Funktionszentrum des Gehirns zu lenken.

Stellen Sie intelligente Fragen, die die Intensität der Emotionen verringern. Stellen Sie logische Fragen, um ein ausgewogenes und logisches Denken zu fördern.

Zuhören beschränkt sich nicht nur darauf, sich auf die verbale Kommunikation des Sprechers einzustellen. Es geht auch darum, sich auf das einzustellen, was der Sprecher durch seine Stimme, seine Körpersprache, seine Mimik und mehr ungesagt lässt.

Schauen wir uns ein Beispiel an, um zu verstehen, wie wichtig es ist, auf die verbalen und nonverbalen Signale von Menschen zu hören, um ihre Gefühle zu verstehen und zu steuern.

Es ist ein später Freitagabend, und nach einer besonders arbeitsreichen und stressigen Woche sind alle bereit, nach Hause zu gehen und sich am Wochenende zu entspannen. Die Mitarbeiter verlassen mit Begeisterung ihre Arbeitsplätze und sind kurz davor, das Gebäude zu verlassen. In diesem Moment betritt Jill, die Geschäftsführerin des Unternehmens, den Raum und bittet sie, für eine wichtige Mitteilung Platz zu nehmen. Sie teilt ihnen mit, dass der Abgabetermin für ein wichtiges Projekt, an dem das Unternehmen in den letzten Wochen sehr hart gearbeitet hat, um einen Monat vorverlegt wurde. Es bleiben nur noch wenige Tage bis zum endgültigen Abgabetermin. Ein kollektiver Seufzer ertönt, denn alle sind gestresst, angespannt und enttäuscht.

Die Projektleiterin sitzt nachdenklich auf ihrem Schreibtisch und versucht, mit der plötzlichen Terminverschiebung fertig zu werden. Dann kommt der Projektleiter Jim und sagt: "Wir werden dafür sorgen, dass jeder gute Arbeit leistet und das Projekt gemäß der neuen Frist abgibt."

Eine weitere Mitarbeiterin, Sam, macht sich an ihrem Arbeitsplatz zu schaffen, während einige wenige Mitarbeiter einfach gehen. Die Mehrheit der Mitglieder des Projektteams erklärt, dass sie mit den neuen Entwicklungen zurechtkommen werden. Die Geschäftsführerin verlässt das Büro mit der Zufriedenheit, dass die Dinge unter Kontrolle sind und dass alle positiver reagiert haben, als sie es sich vorgestellt hat.

Was Jill übersehen hat, war die Diskrepanz zwischen den Worten und der Körpersprache der Mitarbeiter. Ihr entging die Widersprüchlichkeit der Worte und der nonverbalen Signale des Projektleiters, der nach der Beantwortung einer E-Mail von einem Personalverantwortlichen das Büro verließ.

Andere Teammitglieder holten sich einen Kaffee und brachen angesichts des erhöhten Drucks und Stresses fast in Tränen aus. Ihre Vorstellung von einem entspannten Wochenende wurde zunichte gemacht.

Niemand sagte diese Dinge zu Jill, als sie die Nachricht überbrachte und um Rückmeldung bat. Offensichtlich wollte ihr niemand sagen, wie er sich wirklich wegen des vorgezogenen Termins fühlte. Woher sollte Jill dann wissen, wie sie sich wirklich fühlten, wenn sie ihre wahren Gefühle nicht zum Ausdruck brachten? Machen Sie sie dafür verantwortlich, dass sie nicht auf die Gefühle ihrer Mitarbeiter eingegangen ist?

Offensichtlich, ja. Sie hat nicht zugehört, was sie zu kommunizieren versuchten. Jill hat sich einfach an die verbale Kommunikation gehalten, ohne zu bemerken, was ungesagt bleibt. Eine wichtige Komponente der emotionalen Intelligenz besteht darin, sich auf das einzustellen, was Menschen nicht sagen.

Die meiste Zeit des Zuhörens verbringen wir damit, unsere Antworten auf das, was der Sprecher sagt, zu planen, anstatt ihm aktiv zuzuhören. Der Schwerpunkt liegt auf dem Reagieren und nicht auf dem Verstehen. Vermeiden Sie es, zuzuhören, um zu antworten. Hören Sie stattdessen aufmerksam zu, um die Gedanken, Gefühle und Emotionen des Sprechers zu verstehen. Versuchen Sie, sich auf die verbalen und nonverbalen Hinweise des Sprechers einzustellen, anstatt gedanklich Antworten zu üben.

Vermeiden Sie es, den Gedankenfluss des Sprechers zu unterbrechen, indem Sie Zweifel ausräumen oder Rückfragen stellen. Bleiben Sie dran, bis der Redner innehält. "Lassen Sie mich auf das zurückkommen, was Sie gesagt haben. Ich habe nicht verstanden, was Sie mit ABC (was auch immer Sie nicht verstanden haben) gemeint haben".

Manchmal lenken unsere Rückfragen den Sprecher in eine andere Richtung als das, was er ursprünglich vermitteln wollte. Wenn der Sprecher in eine andere Richtung abschweift, bringen Sie ihn wieder zum Thema zurück, z. B. mit den Worten: "Es ist wunderbar, mehr über XYZ zu erfahren, was haben Sie vor ein paar Sekunden über ABC gesagt?

## Mehr Empathie üben

Empathie ist die Kunst, sich in eine andere Person hineinzuversetzen, um deren Gefühle und Emotionen so zu erleben, als ob man sie selbst durchleben würde. Sie versuchen, ihre Gefühle und Emotionen so zu erleben, wie sie es tun. Auch wenn Sie sie nicht wirklich erleben, versuchen Sie, sie aus der Ich-Perspektive zu verstehen, so als ob sie Ihnen selbst widerfahren würden.

Die Fähigkeit, die Emotionen anderer zu verstehen und zu erleben und diese Erfahrungen zu nutzen, um Menschen zu erreichen und ihnen zu helfen, eine Situation positiver zu sehen, wird in der heutigen beziehungsorientierten Welt dringend benötigt.

Empathie ist der Grundstein für emotionale Intelligenz und soziale Kompetenz. Wer die Fähigkeit entwickelt, sich in andere hineinzuversetzen, kann mit ihren Gefühlen und Emotionen besser umgehen. Die Fähigkeit zu verstehen, wie sich eine Person fühlt, kann Menschen auf konstruktive und positive Weise motivieren, führen, ermutigen und inspirieren.

## Hier sind einige Geheimnisse für mehr Empathie.

Reisen und der verstärkte Kontakt mit anderen Kulturen und Menschen ist eine gute Möglichkeit, Ihren Empathiefaktor zu verbessern. Reisen Sie an verschiedene Orte, um die Überzeugungen, Bestrebungen und Lebensstile der Menschen zu verstehen. Wenn Sie mit einem Leben konfrontiert werden, das sich drastisch von Ihrem eigenen unterscheidet, entwickeln Sie mehr Verständnis, Bewusstsein und Wertschätzung für Menschen.

Man neigt dazu, die Gedanken, Handlungen und Emotionen anderer besser zu verstehen und weiterzuentwickeln. Setzen Sie sich mit möglichst vielen Standpunkten, Kulturen und Lebensweisen auseinander, um mehr Verständnis für die Unterschiede zwischen den Menschen zu entwickeln.

Überprüfen Sie sowohl Ihre offenen als auch Ihre versteckten Vorurteile. Die meisten von uns haben tief verwurzelte Klischees und Vorurteile in Bezug auf Geschlecht, Beruf, Nationalität, Alter, Rasse, Bildung und vieles mehr.

Diese Vorurteile sind die größten Hürden, wenn es um Empathie geht. Sie hindern uns daran, zuzuhören und zu verstehen, wo eine Person steht, und hemmen damit unsere Fähigkeit, uns in sie einzufühlen. Erstellen Sie eine detaillierte Liste Ihrer Vorurteile. Versuchen Sie, Beweise oder Meinungen zu finden, die Ihre Vorurteile oder Voreingenommenheit infrage stellen. Gehen Sie mit einem offeneren Geist und einem breiteren Blick auf die Welt um Sie herum vor.

Entwickeln Sie eine natürliche, positive und produktive Neugierde. Von einem scheinbar unerfahrenen Junior, einem tyrannischen Chef oder einem anspruchsvollen Kunden kann man viel lernen. Anstatt Menschen zu markieren oder mit einem Etikett zu versehen, sollten Sie neugierig darauf sein, was Sie von Menschen lernen können. Wenn Sie selbst in den schwierigsten Interaktionen nach Lernmöglichkeiten suchen, werden Sie diese Menschen auf eine ausgewogenere und positivere Art und Weise betrachten und so Ihre Wertschätzung für andere erhöhen, selbst wenn Sie nicht unbedingt mit ihnen übereinstimmen.

Versuchen Sie vorherzusagen, wie sich eine Person in einer bestimmten Situation verhalten wird, indem Sie sich in ihre Lage versetzen. Dies wird Ihre Wahrnehmung und Ihr Verständnis für die Gefühle anderer Menschen verbessern. Seien Sie präsent und hören Sie Ihrem Gesprächspartner zu. Schalten Sie E-Mail-Benachrichtigungen und andere Benachrichtigungen aus, während Sie aufmerksam zuhören, was die andere Person sagt. Laut einer Studie von Professor Emeritus der UCLA trägt das, was wir sagen, nur zu 7 Prozent zur gesamten Botschaft bei, während die anderen 93 Prozent von nonverbalen Kommunikationsmustern wie der Körpersprache und der Dauer unserer Stimme beeinflusst werden. Wenn Sie sich nicht auf das konzentrieren, was Ihr Gegenüber sagt, entgehen Ihnen wichtige Hinweise, während Sie mit ihm interagieren.

Engagieren Sie sich ehrenamtlich für einen guten Zweck oder bei einer Nichtregierungsorganisation (NRO) bzw. einer Wohltätigkeitsorganisation. Engagieren Sie sich in Ihrer Freizeit ehrenamtlich für eine Wohltätigkeitsorganisation oder ein Anliegen Ihrer Wahl. Das hilft Ihnen nicht nur, Ihren Segen zu schätzen, sondern fördert auch Ihr Mitgefühl für diejenigen, die nicht so privilegiert sind wie Sie selbst.

Der Gedanke, dass Sie das Leben eines anderen Menschen positiv beeinflusst haben, gibt Ihnen ein wunderbares Gefühl für sich selbst. Wenn Sie mehr Zeit mit denjenigen verbringen, die nicht so viel Glück haben wie Sie, entwickeln Sie die Fähigkeit, andere Menschen, ihre

Herausforderungen und Hoffnungen zu verstehen, was schließlich Ihr Einfühlungsvermögen steigert.

Bei Konflikten und Meinungsverschiedenheiten ist es einfacher, eine für beide Seiten vorteilhafte Lösung zu finden, wenn Sie die Ängste, die Hauptmotivatoren, die Bestrebungen, die Bedürfnisse und die Wünsche der anderen Person verstehen. Selbst wenn die andere Person zu stark oder negativ auftritt, werden Sie sie verstehen. Schauen Sie sich Wahlkampfdebatten an, um verschiedene Standpunkte zu verstehen und zu würdigen. Verstehen Sie, warum jemand so denkt, wie er denkt, und wie er seine Argumente stützt oder ausdrückt.

Jedes Mal, wenn Sie mit einem Standpunkt übereinstimmen, suchen Sie nach Beweisen für die gegenteilige Meinung. Auf diese Weise lernen Sie, andere Standpunkte anzuerkennen, ohne dogmatisch auf Ihrem Standpunkt zu beharren.

Im Kern geht es bei der Empathie darum, sich in die Lage des anderen hineinzuversetzen, um ihn besser zu verstehen, auch wenn Sie nicht mit ihm übereinstimmen.

Machen Sie anderen Menschen besondere Komplimente. Dies wird Ihren sozialen und empathischen Faktor erhöhen. Lernen Sie, spezifischer und detaillierter zu sein, wenn Sie jemandem ein Kompliment machen, anstatt es wie eine Schmeichelei klingen zu lassen. Sagen Sie z. B. statt "Sie haben eine wunderbare Arbeit geleistet": "Die Aufgabe enthielt detaillierte Recherchen und sehr gut formulierte Ideen, obwohl das Thema kompliziert war" oder "Möchten

Sie die Strategie zur Einwandbehandlung erwähnen, die hinter Ihrem enormen Umsatzwachstum steckt?" Sie gehen auf eine bestimmte Sache ein, während Sie eine Person wertschätzen und loben, um Ihre soziale emotionale Intelligenz zu steigern.

## Seien Sie durchsetzungsfähig, nicht aggressiv

Ein wichtiger Bestandteil der sozialen emotionalen Intelligenz ist die Fähigkeit, mehr Durchsetzungsvermögen zu zeigen. Es geht darum, mehr Durchsetzungsvermögen zu entwickeln, nicht Aggression. Durchsetzungsfähige Menschen sind diejenigen, die es verstehen, für sich selbst einzustehen und es nicht immer allen recht zu machen, ohne andere zu verletzen. Durchsetzungsvermögen ist eine echte, vernünftige und ausgewogene Äußerung von Gefühlen und Meinungen.

Ein Beispiel: "Ich gehe lieber in ein gemütliches Café als in ein feines Restaurant" ist eine selbstbewusste Aussage. Sie sagt der anderen Person nicht, dass sie etwas zu tun hat. Sie bringen lediglich Ihre Vorlieben in ausgewogener Weise zum Ausdruck, lassen dem anderen aber immer noch die Möglichkeit, seine Meinung dazu zu äußern.

Durchsetzungsvermögen bedeutet, dass wir unsere Bedürfnisse deutlich machen, ohne dabei auf Aggression oder Dominanz zurückzugreifen. Während Aggressivität durch mangelnde Rücksichtnahme oder Respekt vor den Bedürfnissen und Rechten der anderen Person gekennzeichnet ist, bedeutet Durchsetzungsvermögen, seine Bedürfnisse höflich und respektvoll vorzubringen. Aggressive Menschen sehen die Dinge eher aus einer "Ich gewinne - du verlierst"-Perspektive, während selbstbewusste Menschen die Dinge aus einer "Win-Win"-Perspektive betrachten.

Bei Aggressivität geht es darum, ein sich selbst erfüllendes Ziel zu erreichen, während es bei Durchsetzungsvermögen darum geht, einen Mittelweg zu finden. Die aggressive Aussage für das obige Beispiel lautet: "Wir gehen in ein gemütliches Café statt in ein feines Restaurant." In der letztgenannten Version sprechen Sie ein Urteil aus, ohne die Vorlieben des anderen zu respektieren oder zu berücksichtigen.

Durchsetzungsvermögen ist mit Verständnis, Besorgnis und Respekt für die Gefühle, Vorlieben und Meinungen der anderen Person verbunden. Auch wenn Sie nicht mit ihm einverstanden sind, respektieren Sie sein Recht auf seine Meinung und seine Vorlieben. Während aggressiv bedeutet: "Nur mein Weg ist der richtige Weg", bedeutet selbstbewusst: "Auch wenn deine Ansichten nicht mit meinen übereinstimmen, respektiere ich dein Recht, anderer Meinung zu sein. Wir können uns darauf einigen, anderer Meinung zu sein."

Durchsetzungsfähige Menschen lassen sich nicht von anderen Menschen übergehen und wissen, wo sie die

Grenze ziehen müssen, ohne beleidigend oder verletzend zu sein. Sie wissen, wie sie sich weigern können, ohne dabei hart zu wirken. Wenn man einer Person oder einer Gruppe Respekt entgegenbringt, lässt die Verletzung nach. Sie machen Ihren Standpunkt klar, ohne den Respekt und das Interesse zu verletzen.

Wenn Sie jedoch keinen Respekt oder keine Rücksicht auf die Gefühle, Wünsche und Ansichten einer anderen Person zeigen, grenzen Sie an Aggression.

Durchsetzungsvermögen bedeutet, dass Sie für Ihre Werte einstehen und sich nicht scheuen, anderen gegenüber Ihre Bedürfnisse, Wünsche und Ziele zu äußern. Durchsetzungsvermögen bedeutet, andere gleichberechtigt zu behandeln und den Schwerpunkt auf gegenseitigen Respekt zu legen. Sie haben nicht die Absicht, andere zu beleidigen oder zu verletzen, genauso wenig wie Sie sich selbst verletzen wollen. Als durchsetzungsfähige Person suchen Sie immer nach einer Lösung, bei der alle Beteiligten gewinnen.

Aggressive Menschen haben ein angeborenes und verzweifeltes Verlangen zu gewinnen, indem sie die Bedürfnisse anderer Menschen vernachlässigen. Andere zu verletzen, zu kränken oder nicht zu respektieren, gehört für sie zum Gewinnen oder zum Erfolg dazu. Sie konzentrieren sich eher darauf, recht zu haben, als ein Problem effektiv zu lösen. Aggressive Menschen nähren sich von den Ängsten anderer Menschen, um ihre Ziele zu erreichen.

Steigern Sie Ihren Durchsetzungsfähigkeitsquotienten, wenn Sie Ihre emotionale Intelligenz und Ihre sozialen Beziehungen verbessern wollen. Wenn Sie eine Führungskraft sind, müssen Sie die Fähigkeit entwickeln, durchsetzungsfähig zu sein und gleichzeitig Respekt, Rücksichtnahme und Einfühlungsvermögen gegenüber Ihren Teammitgliedern zu zeigen.

Selbst wenn Sie anderer Meinung sind, sollten Sie versuchen zu verstehen, warum sie so denken, wie sie denken. Dies steigert Ihre soziale emotionale Intelligenz um ein Vielfaches.

## Hier sind ein paar wirkungsvolle Tipps zur Steigerung Ihrer Durchsetzungsfähigkeit

- Eine der besten Methoden, um Durchsetzungsvermögen zu entwickeln (bei mir hat das wunderbar funktioniert), ist, vor einem Spiegel zu üben, wo Sie Ihre Körpersprache und Ihre Mimik deutlich sehen können. Führen Sie ein vorgetäuschtes Gespräch mit einem Freund oder Partner, der darauf besteht, dass Sie etwas tun, was Sie eigentlich ablehnen wollen. Wie können Sie dies am besten auf eine offene, nicht beleidigende und ehrliche Weise kommunizieren?

Achten Sie auf alles, von Ihrer Wortwahl über Ihre Mimik und Ihren Tonfall bis hin zur Körpersprache. Wenn Sie dies ein paar Mal geübt haben, werden Sie lernen, Ihren Standpunkt auf eine ausgewogene und nicht beleidigende Art und Weise darzulegen.

- Bleiben Sie ruhig, gelassen und ausgeglichen. Bleiben Sie auch in einer scheinbar brisanten und angespannten Situation ruhig. Bleiben Sie in ständigem Augenkontakt mit Ihrem Gesprächspartner und halten Sie eine entspannte Körperhaltung. Sprechen Sie in einem ruhigen und gleichmäßigen Ton. Durchsetzungsfähige Menschen werden selten von ihren Gefühlen kontrolliert. Sie haben sich selbst fest im Griff und bewahren auch in den angespanntesten Situationen die Ruhe.

- Verwenden Sie mehr "Ich"-Aussagen, in denen Sie Ihre Gefühle und Emotionen akzeptieren. Sagen Sie z. B. statt: "Wir sollten auf keinen Fall an diesen Ort gehen" lieber: "

Ich denke, wir sollten uns von diesem Ort fernhalten". Dadurch wirken Sie nicht aufdringlich oder diktatorisch. Sie teilen Ihrem Gesprächspartner lediglich Ihre Vorstellungen mit, lassen ihm aber weiterhin die Möglichkeit, seine Ansichten und Ideen mitzuteilen. Das Aussprechen von Aufforderungen zeugt nicht gerade von Respekt vor anderen Menschen. Wenn Sie zum Beispiel die ganze Nacht wach waren, um das Baby zu versorgen, und sich über Ihren Partner ärgern, weil er nicht mit anpackt, können Sie etwas sagen wie: "Ich ärgere mich darüber, dass ich letzte Nacht mehrmals aufgewacht bin, und brauche dich wirklich ab und zu."

- Sehen Sie Menschen als jemanden, mit dem Sie zusammenarbeiten müssen, nicht gegen den Sie arbeiten. Das gilt vor allem in einem beruflichen Umfeld. Verabschieden Sie sich von dem Gedanken, dass jemand verlieren muss, damit Sie gewinnen können. Zusammenarbeit und Kooperation sind die Schlüsselwörter, nicht Konkurrenz.

Betrachten Sie jede potenziell herausfordernde Situation als eine Gelegenheit, mit anderen zusammenzuarbeiten (Sie sind im selben Team) und nicht gegen andere (Sie sind Teil des gegnerischen Teams). Dies allein wird Ihnen die Möglichkeit geben, harmonischere Beziehungen aufzubauen und zu kanalisieren. Vermeiden Sie es, andere als Feinde zu betrachten, sondern sehen Sie sie als Verbündete, und arbeiten Sie darauf hin, eine Win-Win-Situation zu erreichen.

- Vermeiden Sie es, sich schuldig zu fühlen, wenn Sie für sich selbst eintreten. Ich weiß, das ist leichter gesagt als getan, aber es schadet nicht, Menschen abzulehnen oder Stellung zu beziehen, wenn etwas nicht mit Ihren Werten, Prioritäten, Idealen oder Vorlieben übereinstimmt. Hören Sie anderen zu, ohne ihnen Schuldgefühle einzureden, weil sie ihre Bedürfnisse offen äußern.

Manchmal lassen wir Schuldgefühle unpassenderweise mit schädlichen Gefühlen und Sorgen in unseren Geist eindringen. Lernen Sie, diese negativen Gefühle durch positivere Selbstgespräche zu ersetzen. Zum Beispiel: "Ich bin kein guter Mensch, weil ich meiner Kollegin kein Geld geliehen habe". Dies kann ersetzt werden durch "Ich verdiene es, finanziell stabil zu sein und meine finanzielle Sicherheit nicht zu gefährden".

Eine weitere gute Möglichkeit, Schuldgefühle und Unbehagen loszuwerden, ist, sich in die Lage eines geliebten Menschen zu versetzen. Würden Sie zögern, für einen geliebten Menschen zu sprechen? Stellen Sie sich vor, Sie würden sich für einen geliebten Menschen einsetzen. Es fällt uns leichter, für jemanden zu sprechen, der uns etwas bedeutet, als für uns selbst.

- Gewöhnen Sie sich an, Ihre Gefühle, Bedürfnisse, Meinungen und Vorlieben offen zu äußern. Gehen Sie nicht davon aus, dass andere schon wissen werden, was Sie wollen oder brauchen. Dies ist eine der Hauptursachen für Konflikte in Beziehungen. Wir gehen automatisch davon aus, dass andere unsere Gefühle und Vorlieben verstehen werden. Seien Sie konkret, ehrlich, offen, klar und respektvoll, wenn Sie Ihre Bedürfnisse äußern.

Nehmen wir an, Sie möchten in einem Restaurant etwas zu essen bestellen. Würden Sie lieber ein Sandwich bestellen oder möchten Sie lieber Schinken auf Roggenbrot mit dicken Cheddarscheiben, Gurken und Tomaten. Warum haben wir dann Angst, unsere wahren Bedürfnisse in persönlichen und beruflichen Beziehungen zu artikulieren?

- Seien Sie offen, ehrlich und respektvoll in Ihrer Kommunikation. Wenn Sie sich aktiv auf die verbalen und nonverbalen Kommunikationsmuster Ihres Gegenübers einlassen, entsteht ein besseres Verständnis.

Lernen Sie, zuzuhören und Unterschiede zu respektieren. Machen Sie sich klar, dass eine Meinungsverschiedenheit mit einer Person nicht bedeutet, dass sie falsch, negativ oder schlecht ist. Beherrschen Sie die gesunde Kunst, sich darauf zu einigen, anderer Meinung zu sein.

Fühlen Sie sich in Menschen ein und verstehen Sie sie, auch wenn Sie nicht unbedingt mit ihnen übereinstimmen. Versuchen Sie zu entschlüsseln, woher sie kommen und was ihre Gedanken, Ansichten und Handlungen antreibt.

- Lernen Sie verbale und nonverbale Signale der Durchsetzungsfähigkeit. Einige verbale Hinweise, die Durchsetzungsvermögen vermitteln, sind entschlossen, aber mit entspannter Stimme vorgetragen, fließend und in einem aufrichtigen Tonfall, der Situation angemessener Lautstärke, kooperativ oder von konstruktiven Worten begleitet. Es geht darum, respektvoll, aufrichtig und entschlossen zu kommunizieren. Zu den nonverbalen Merkmalen der Durchsetzungsfähigkeit gehören aktives und offenes Zuhören, Blickkontakt, eine offene Körpersprache und Lächeln.

# Konzentrieren Sie sich nicht auf das Gewinnen von Argumenten

Sie werden fast nie jemanden dazu bringen, so zu denken oder sich so zu verhalten, wie Sie es wollen, wenn Sie zu Beginn ankündigen: "Ich werde es dir beweisen". Diese Strategie wird von Dale Carnegie in seinem Bestseller "Wie man Freunde gewinnt und Menschen beeinflusst" brillant erklärt. In der Tat fordern Sie Menschen heraus und verstärken ihre Abwehr, indem Sie ankündigen, dass Sie wild entschlossen sind, einen Punkt zu beweisen.

Erwecken Sie keinen Widerstand in den Menschen. Die Zuhörer werden sich auf einen Streit mit Ihnen einstellen. Selbst unter den positivsten Bedingungen ist es eine große Herausforderung, die Meinung anderer zu ändern. Lassen Sie niemanden wissen, dass Sie versuchen, etwas zu beweisen. Tun Sie es stattdessen auf subtile und geschickte Weise.

Nehmen wir an, jemand macht eine Aussage oder vertritt eine Meinung, die Ihrer Meinung nach falsch ist. Selbst wenn Sie glauben, dass er/sie falsch liegt, spielen Sie mit, indem Sie etwas sagen wie: "Nun, ich dachte das Gegenteil, aber ich könnte mich irren. Das tue ich oft.

Und wenn ich wirklich falsch liege, dann möchte ich auch recht haben. Lass uns die Fakten prüfen". Gehen Sie wissenschaftlicher und ausgewogener vor, um die Abwehrhaltung des Gegenübers sofort fallen zu lassen.

Niemand auf Erden oder im Himmel kann jemals Einwände gegen eine Aussage wie "Ich kann mich durchaus irren. Betrachten wir die Fakten." Versucht ein Wissenschaftler, Dinge zu beweisen? Sie versuchen nur, Tatsachen aufzudecken! Genau so sollten Sie an Argumente herangehen, um eine größere emotionale soziale Intelligenz zu entwickeln. Gehen Sie wissenschaftlicher an potenziell brisante Argumente heran.

Sie werden in Schwierigkeiten geraten, wenn Sie zugeben, dass Sie falsch liegen könnten. Es wird eine scheinbar unangenehme Situation in ihren Bahnen stoppen und die andere Person ermutigen, eine fairere, ausgewogenere und aufgeschlossene Haltung einzunehmen.

Es wird ihn/sie dazu inspirieren, zuzugeben, dass er/sie sich genauso wie Sie irren könnte. Wenn Sie wissen, dass jemand im Unrecht ist, und dies unverblümt und anklagend sagen, wird er/sie Ihnen mit gleicher Wahrscheinlichkeit das Gegenteil beweisen.

Wenn Menschen nicht mit Widerstand oder starken Emotionen konfrontiert werden, ist es viel wahrscheinlicher, dass sie ihre Meinung ändern. Wenn man ihnen jedoch sagt, dass sie im Unrecht sind, neigen sie dazu, sich zu wehren und sich selbst noch mehr zu beweisen, was zu einer endlosen Schleife von Argumenten und Gegenargumenten führt.

Wenn unser Selbstwertgefühl bedroht ist, verhärten wir automatisch unsere Haltung. Bringen Sie die Leute dazu, ihren Schutz aufzugeben, indem Sie zugeben, dass Sie sich irren könnten.

## Menschen mit ihrem Namen ansprechen und sie öffentlich würdigen.

Das, was Sie darüber gehört haben, dass man Menschen öffentlich lobt und privat kritisiert, ist wahr. Wirksame Führungskräfte und emotional intelligente Menschen wissen, wie wichtig es ist, Menschen mit ihrem Namen anzusprechen und gleichzeitig ermutigende Aussagen zu machen.

Geben Sie Ihren Mitarbeitern das Gefühl, wichtig zu sein, indem Sie ihre Stärken, Leistungen und Fähigkeiten vor anderen Menschen herausstellen.

Das motiviert sie zu guter Arbeit. Selbst wenn die Leistung der Mitarbeiter nicht ihren Fähigkeiten entspricht, sollten Sie öffentlich auf ihre Leistungen hinweisen, um ihnen ihr wahres Potenzial bewusst zu machen.

Menschen reagieren positiv auf Wertschätzung und Lob. Kanalisieren Sie ihre Positivität oder positiven Emotionen, indem Sie ihre positiven Eigenschaften nutzen.

# Kapitel 5: Ihren sozialen E.Q. mit diesen soliden verbalen und nonverbalen Hinweisen steigern

Wir haben in anderen Kapiteln hinreichend nachgewiesen, dass emotionale Intelligenz der Schlüsselfaktor für den Aufbau harmonischer, lohnender und erfüllender Beziehungen ist. Sie ist eine unschätzbare Fähigkeit, wenn es darum geht, Führungsqualitäten und soziale Intelligenz zu entwickeln.

Sie sind in der Lage, die Emotionen anderer Menschen besser zu verstehen und zu steuern, wenn Sie sich auf ihre verbalen und nonverbalen Signale einstellen. Auf diese Weise erhöhen Sie Ihre Chancen, auf eine Person in einer Weise zu reagieren, die zu positiven Ergebnissen führt.

Im Wesentlichen geht es bei der sozialen emotionalen Intelligenz darum, andere zu verstehen, Menschen zu motivieren, Geschäfte zu verhandeln, Menschen zu inspirieren und einen intimen sozialen Kreis zu schaffen.

Sie können Ihre sozialen und beruflichen Ziele erreichen, wenn Sie die Informationen über die Emotionen anderer Menschen effektiv nutzen. Dadurch wird nicht nur Ihr Bewusstsein für die Situation gestärkt, sondern auch Ihre Fähigkeit, Menschen zu analysieren und zu einer positiveren Entscheidung oder Lösung zu gelangen.

Hier sind einige narrensichere Tipps zum Lesen, Verstehen und Analysieren von Menschen anhand von verbalen und nonverbalen Hinweisen.

# Verbale Hinweise

Die Wortwahl einer Person sagt viel über ihre Gedanken, Gefühle und Emotionen aus. Worte symbolisieren unsere Gedanken, Emotionen und Gefühle, die uns in Kombination mit nonverbalen Signalen ein umfassendes Verständnis der Gefühle oder des Geisteszustands der Person vermitteln. Wenn wir rationale oder logische Gedanken verarbeiten, neigen wir dazu, mehr Substantive und Verben zu verwenden.

Wenn wir hingegen versuchen, Gedanken, Emotionen und Gefühle auszudrücken, tendieren wir dazu, Adjektive und Adverbien zu verwenden. Jeder Satz enthält sowohl ein Subjekt als auch ein Verb. Zum Beispiel: "Ich bin gerannt." Wenn eine Person weitere Wörter hinzufügt, ist dies ein Hinweis auf ihre Gefühle, Gedanken, ihr Verhalten und ihre Persönlichkeit.

Ich rannte schnell" kann zum Beispiel ein Gefühl von Gefahr, Dringlichkeit, Unsicherheit und Angst vermitteln. Die Wortwahl der Menschen ist nicht zufällig. Hinter dem, was Menschen sagen, steckt eine klare Absicht, ein Denkprozess und eine Bedeutung. Ihre Wortwahl verrät nicht nur das Gesprochene, sondern auch die gesprochenen Gedanken und Gefühle.

Sehen wir uns ein Beispiel an. Sie haben für Ihre Familie einen Tisch in einem schicken neuen Restaurant in der Nachbarschaft reserviert. Sobald Sie das Lokal betreten, begrüßt Sie der Kellner und weist Ihnen freundlich den Weg zum Tisch. Es folgt ein schickes Esserlebnis.

Ihnen wird ein schmackhaftes und gut präsentiertes Essen mit allem Drum und Dran eines gehobenen Lokals serviert. Der Kellner stellt jeden Gang vor und informiert Sie ausführlich über die Zutaten, die Zubereitungsart und vieles mehr, während Ihre Familie das Wein- und Esserlebnis genießt.

Nachdem Sie eine herzhafte Mahlzeit genossen haben, rufen Sie nach der Rechnung. Der Kellner fragt Sie, ob es Ihnen geschmeckt hat. Prompt antworten Sie: "Die Suppe war gut". Der Manager scheint nicht sehr erfreut zu sein. Oberflächlich betrachtet ist es ein Kompliment.

Ihre Wortwahl deutet jedoch auf etwas hin, das Sie nicht wirklich gesagt, aber vermittelt haben. Sie impliziert, dass es außer der Suppe nichts Erwähnenswertes gab. Alles andere, außer der Suppe, war bestenfalls mittelmäßig.

Haben Sie mit Worten zum Ausdruck gebracht, dass Sie alles andere für durchschnittlich hielten? Warum hat der Manager dann enttäuscht gewirkt? Menschen kommunizieren nicht nur durch das, was sie sagen, sondern auch durch das, was sie unausgesprochen lassen.

Erfassen Sie den Subtext hinter dem, was jemand sagt, indem Sie aufmerksam auf seine verbalen Hinweise achten.

Warum regen sich Menschen auf, wenn jemand sagt: "Sie sehen heute gut aus." Das impliziert, dass Sie an anderen Tagen absolut in Ordnung aussehen".

Dies kann eine Form der passiv-aggressiven Aussage sein, die dazu dient, andere zu entwaffnen, ohne offen gemein zu sein. Es kann auch bedeuten, dass Sie auch an anderen Tagen gut sind, aber heute besonders auffällig aussehen. Achten Sie genau auf die Wortwahl Ihrer Mitmenschen, um die Bedeutung ihrer Aussagen zu verstehen.

Ein weiterer solider Tipp, den ich hier weitergeben möchte, ist zu verstehen, wie Menschen denken und fühlen, indem man beobachtet, wie sie über andere Menschen sprechen. In einer in der Zeitschrift Personality and Social Psychology veröffentlichten Studie unter der Leitung von Peter Harms und Siminie Vazire von der University of Nebraska und der University of St. Louis wurde festgestellt, dass eine einfache Aufforderung an die Teilnehmer, positive und negative Eigenschaften von drei Personen zu bewerten, viel über die sozialen Fähigkeiten der Person, ihr allgemeines Wohlbefinden, ihren psychischen Zustand und die Meinung der anderen über sie aussagt.

Es wurde festgestellt, dass Menschen, die andere in einem positiven Licht sehen, ihre eigenen konstruktiven und positiven Emotionen zeigen. Es besteht ein enger Zusammenhang zwischen der Wahrnehmung anderer Menschen in einem positiven Licht und dem Gefühl, ein glücklicher, positiver und produktiver Mensch zu sein.

Im Gegensatz dazu besteht ein starker Zusammenhang zwischen der Wahrnehmung anderer Menschen in einem negativen Licht und Gefühlen der Frustration, geringem Selbstwertgefühl, Unzufriedenheit, antisozialem Verhalten, Narzissmus und mehr.

Menschen, die negative Emotionen und Gefühle haben, nehmen auch andere in einem negativen Licht wahr oder sehen sie in einem negativen Licht. Dies kann auf emotionale Probleme, psychische Probleme und Persönlichkeitsstörungen hinweisen. Auch hier gilt: Emotionen und Gefühle sind weder positiv noch negativ, sondern spiegeln lediglich den Geisteszustand und die Erfahrungen wider. Wenn eine Person negative Emotionen für andere empfindet, kann dies ein starker Indikator für ihre negativen Gefühle für sich selbst sein.

Auch die Wahl der Worte kann viel über die Gedanken, die Persönlichkeit und die Eigenschaften einer Person aussagen. Wenn jemand zum Beispiel sagt: "Ich habe mich endlich entschieden", bedeutet das, dass die Person nach reiflicher Überlegung eine Entscheidung getroffen hat.

Er/sie trifft gut durchdachte Entscheidungen auf der Grundlage von Logik, Fakten und rationalem Denken. Die Person ist praktisch veranlagt, ausgeglichen und nachdenklich. Er/sie wägt alle Optionen ab, während er/sie eine Entscheidung trifft. Das sind keine impulsiven Entscheidungsträger.

Was ist Metasprache? Es sind die beabsichtigten Worte und Sätze hinter den gesprochenen Worten. Man sagt etwas nicht direkt zu einer Person, sondern drückt es durch den Gebrauch von Worten aus. Wenn eine Person zum Beispiel andere dazu bringen will, ihr zuzustimmen, fügt sie immer ein "ja", "erledigt", "in Ordnung" oder "okay" am Ende hinzu, gefolgt von einem Fragezeichen. Zum Beispiel: "Ich kann das Projekt heute nicht abgeben; ich werde es morgen früh abgeben, in Ordnung?"

Um den sozial-emotionalen Quotienten noch weiter zu erhöhen, sollten Sie auf die Geräusche achten, die Menschen zusätzlich zu ihren Worten machen. Stöhnen, Seufzen usw. verraten viel über ihre Gefühle. Manchmal ergänzen diese Geräusche die Worte des Sprechers und machen die Kommunikation noch eindrucksvoller und überzeugender. Es kann auch eine Diskrepanz zwischen den Lauten und den Worten bestehen.

Anhand ihrer Worte, ihres Tons und ihrer Laute können Sie erkennen, ob jemand sarkastisch oder herablassend ist oder einfach einen schlechten Tag hat. Zum Beispiel kann eine Person sagen: "Ich habe einen wunderbaren Tag", gefolgt von einem Seufzer, der anzeigt, dass sie sarkastisch ist und einen schrecklichen Tag hat. Die Analyse wird narrensicher, wenn Sie Wörter und Laute kombinieren.

## Nonverbale Hinweise

### Körpersprache

Studien haben ergeben, dass die Körpersprache 50 Prozent unserer Interaktionen ausmacht. Es ist erstaunlich, dass wir überhaupt Worte brauchen, denn die Körpersprache trägt wesentlich zur Kommunikation bei. Das Beobachten und Verstehen der Körpersprache einer Person ist ein wesentlicher Bestandteil des Prozesses, der Ihr Bewusstsein für ihre Gefühle und Emotionen schärft.

Sie werden lernen, wichtige Signale zu erkennen, die mit den Emotionen, Gedanken und unterbewussten Überzeugungen anderer Menschen zusammenhängen. Wenn Menschen andere über ihre wahren Gefühle in die Irre führen wollen, können sie ihre Worte manipulieren. Unsere Körpersprache wird jedoch unwillkürlich und unbewusst gesteuert, sodass sie schwer zu fälschen ist.

Selbst wir sind uns nicht bewusst, dass unsere Körpersprache von unseren Gedankenmustern und Emotionen beeinflusst wird, da dies fast unwillkürlich geschieht. Wir haben kaum Kontrolle darüber, wie unsere Körperhaltung, Mimik, Gestik und mehr unsere Körpersprache beeinflussen. Das macht sie zu einem fast genauen Indikator (mit Ausnahmen natürlich) für die inneren Gefühle, Gedanken und Emotionen einer Person.

Hier finden Sie einen umfassenden Leitfaden zum Lesen, Verstehen und Analysieren der Körpersprache.

1. Das Kreuzen von Armen und Beinen ist ein Zeichen dafür, dass Menschen verschlossen sind oder sich vom Gespräch abwenden. Unterbewusst haben sie eine Barriere zwischen sich und anderen Menschen errichtet. Wenn jemand seine

Arme und Beine verschränkt, während er mit Ihnen kommuniziert, ist er möglicherweise nicht offen für das, was Sie sagen, oder er ist mit Ihren Ansichten nicht einverstanden. Es kann auch ein Zeichen dafür sein, dass man misstrauisch oder desinteressiert ist. Möglicherweise ist das Gespräch nicht interessant genug, um ihre Aufmerksamkeit zu erregen.

Jedes Mal, wenn Sie feststellen, dass jemand Arme und Beine verschränkt, fahren Sie nicht mit demselben Thema fort. Halten Sie eine Weile inne und wechseln Sie das Thema, bis die Person sich "öffnet", indem sie ihre Arme und Beine löst. Sobald dies geschehen ist, können Sie zum ursprünglichen Thema zurückkehren. Der einfache Akt, die Beine und Arme nicht zu verschränken, macht die Menschen auf einer unterbewussten Ebene empfänglicher für Ihre Ideen.

2. Aufrechterhaltung des Augenkontakts. Wenn Menschen ständig ihren Blick von Ihnen abwenden oder keinen Augenkontakt herstellen, verbergen sie meist etwas, führen Sie in die Irre, lügen oder unterdrücken unbewusst ein schlechtes Gewissen.

Das ist ein deutliches Zeichen für Unehrlichkeit und Betrug, obwohl Menschen manchmal auch aus Angst, Nervosität oder Schüchternheit ihren Blick abwenden. Wenn Ihnen eine Person jedoch eine Zeit lang ununterbrochen in die Augen schaut, versucht sie möglicherweise, Sie auf einer unbewussten Ebene zu bedrohen oder einzuschüchtern. Ideal ist es, wenn eine Person den Augenkontakt aufrechterhält, aber den Blick in regelmäßigen Abständen wechselt.

3. Wenn Sie mit einer Gruppe von Menschen sprechen, beobachten Sie genau, wer übertrieben nickt. Das sind Leute, die von Ihnen Bestätigung und Zustimmung erwarten. Sie sind darauf bedacht, einen positiven Eindruck zu hinterlassen, und wollen unbedingt zu Ihrem vertrauten inneren Kreis gehören. Ihre Meinung ist ihnen wichtig, und sie bemühen sich, einen guten Eindruck bei Ihnen zu hinterlassen.

4. Wie können Sie ein falsches Lächeln von einem echten unterscheiden? Schauen Sie sich einfach die Augen der Person an. Achten Sie genau darauf, ob die Haut in der Nähe der Augen Falten hat, die Krähenfüße bilden. Menschen schminken sich oft ein Lächeln ins Gesicht, um ihre wahren Gefühle zu verschleiern. Wenn das Lächeln jedoch nur vorgetäuscht ist, entstehen keine Falten um den Mund und die Augen. Ein falsches Lächeln hat nur Falten in der Nähe des Mundes, während ein echtes Lächeln Falten in der Nähe der Augenpartie verursacht.

Achten Sie auf diese winzigen Ausdrücke und Formationen, um zu verstehen, ob die Menschen wirklich so glücklich sind, wie sie nach außen hin zu sein scheinen.

5. Was tun Sie, wenn eine Gruppe von Menschen den Raum betritt und Sie wissen wollen, wer die Führungsperson, der Einflussnehmer oder der Entscheidungsträger ist? Scannen Sie kurz die Körperhaltung aller.

Der Anführer ist höchstwahrscheinlich eine Person, die mit einer aufrechten Haltung, herausgezogenen Schultern und schwerem Schritt den Raum betritt. Sie haben eine ausladende Körpersprache und vermitteln Macht. Unbewusst nehmen sie ein Maximum an Raum ein, um Autorität oder Führung über andere zu vermitteln. Wenn Sie aufrecht stehen und die Schultern nach hinten ziehen, vergrößert sich Ihr Körperbau. Dadurch wirken Sie größer, als Sie tatsächlich sind, und nehmen gleichzeitig eine kraftvolle Haltung ein. Das ist genau der Grund, warum mächtige Menschen diese Haltung beibehalten, um ihren Einfluss auf eine Gruppe zu vermitteln.

6. Menschen, die ängstlich, unsicher und nervös sind, zappeln oft mit ihren Händen, klopfen auf eine Oberfläche oder spielen mit Gegenständen. Weitere Anzeichen für Nervosität und Angst sind ungewöhnlich häufiges Blinzeln, wippende Füße, zitternde Beine und häufiges Streichen mit den Fingern über das Gesicht.

Achten Sie darauf, in welche Richtung die Füße einer Person zeigen. Wenn sie in Ihre Richtung zeigen, ist die Person daran interessiert, Ihnen zuzuhören oder sich in das Gespräch einzuklinken. Zeigen sie hingegen in die entgegengesetzte Richtung, sucht die Person höchstwahrscheinlich nach einem schnellen Fluchtweg oder ist am Gespräch desinteressiert. Die Füße einer Person zu beobachten, um ihre Gedanken und Emotionen vorherzusagen, ist fast genau, denn das Lesen der Körpersprache konzentriert sich nur selten auf die Füße einer Person. Sie sind nicht das Erste, woran ein Leser denkt, was es schwieriger macht, sie zu fälschen oder zu manipulieren. Während Menschen mehr auf ihre Körperhaltung, Mimik, Gestik usw. achten, werden die Signale, die ihre Füße aussenden, seltener gelesen bzw. zur Kenntnis genommen.

7. Die Mimik ist ein wichtiger Indikator für die Gefühle und den Gemütszustand einer Person. Wenn eine Person erstaunt, überrascht oder fassungslos ist, heben sich die Augenbrauen leicht an, und die oberen Augenlider weiten sich plötzlich. Ebenso öffnet sich der Mund. Ein komplexer Aspekt beim Lesen von Gesichtsausdrücken, um die Emotionen von Menschen zu verstehen, ist, dass sie sich oft überschneiden. In diesem Fall sollten Sie nach Mikroausdrücken Ausschau halten, die präziser sind.

So können beispielsweise hochgezogene Augenbrauen ein Zeichen für Angst sein. Achten Sie auf andere Mikroausdrücke oder Hinweise, die die genaue Emotion anzeigen. Wenn eine Person Angst empfindet, sind die Augenbrauen leicht angehoben und gezogen, und das untere Augenlid ist stärker angespannt. Die beiden Lippenwinkel sind etwas stärker gespannt als sonst. Auch Überraschung wird durch hochgezogene Augenbrauen und einen tieferen Kiefer als gewöhnlich ausgedrückt. Erkennen Sie Ausdrücke oder Mikroausdrücke im ganzen Gesicht, um die genauen Gefühle und Emotionen zu erkennen, die eine Person ausdrückt.

Im Gegensatz zur Mimik entstehen Mikroausdrücke in Sekundenschnelle und können daher nicht manipuliert werden. Wenn eine Person zum Beispiel lügt, nimmt ihr Mund eine schrägere, schiefe Position ein. Ebenso werden die Augenbewegungen schneller, während die Nasenlöcher aufblähen und die Lippen zusammengepresst werden, was ein unbewusster Ausdruck dafür ist, dass die Person nichts sagen oder die Wahrheit sagen wird. Da diese Ausdrücke in Sekundenbruchteilen unwillkürlich auf der Ebene des Unterbewusstseins ablaufen, können sie nicht erdacht werden.

Wie liest man die Emotionen von Aufregung, Freude, Überraschung? Erweiterte Pupillen zeigen extreme Emotionen wie Freude, Hochgefühl, Erstaunen und Erregung. Auch wenn wir uns zu einer Person hingezogen fühlen oder uns freuen, sie zu sehen, weiten sich unsere Pupillen unwillkürlich.

Achten Sie auf Anzeichen von Stress. Dies ist aus der Sicht eines Arbeitgebers oder Managers wichtig, der das Stressniveau seiner Mitarbeiter oder Teammitglieder kennen muss. Einige der häufigsten Anzeichen für Stress und Frustration sind gerunzelte Augenbrauen, ein angespannter Nacken und zusammengebissene Zähne.

Achten Sie nicht auf ihre Worte, sondern auf ihre Körpersprache, um zu verstehen, ob sie unter Stress stehen. Beim Lesen der Körpersprache geht es darum, nach einer Diskrepanz zwischen nonverbalen und verbalen Hinweisen zu suchen.

Können Sie die Gefühle, Gedanken, Emotionen oder Persönlichkeitsmerkmale einer Person an ihrem Gang ablesen? Menschen, die mit schweren Schritten und mit geringer Schwerkraft gehen, sind in der Regel gestresst, erschöpft, verletzt oder frustriert. Es kann auch ein Zeichen von Depression und Desillusionierung sein. Beobachten Sie Menschen, die mit einem entspannten und langsamen Tempo gehen.

Sie denken in den meisten Fällen über etwas nach. Selbstbewusste, ehrgeizige, zielstrebige und positive Menschen gehen in der Regel schnell in eine Richtung. Das sind Ihre Zielstrebigen.

Sie können viel über die Handlungen, Gedanken und Gefühle einer Person aussagen, wenn Sie ihre Augenbewegungen genau beobachten. Die menschlichen Augenbewegungen sind mit genauen Gehirnfunktionen verknüpft. Die meisten unserer Augenbewegungen folgen einem bestimmten Muster, das auf der Art der Information beruht, auf die das Gehirn zuzugreifen versucht. Bestimmte Gehirnfunktionen führen zu bestimmten Bewegungen, die eher einem Reflex oder einer unwillkürlichen Bewegung ähneln.

Wenn eine Person beispielsweise in ein inneres Dilemma verwickelt ist, wie z. B. die Frage, ob sie die Wahrheit sagen soll oder nicht, wird sie mit größerer Wahrscheinlichkeit in Richtung ihres linken Schlüsselbeins schauen. Augen, die sich ständig in eine seitliche Richtung bewegen, können ein Indikator für Lügen und Täuschung sein.

Eine weitere Studie auf dem Gebiet der nonverbalen Hinweise und der Körpersprache, die viel über die Gefühle und Emotionen einer Person verraten kann, ist die Proxemik oder der physische Abstand zwischen zwei Personen, während sie persönlich interagieren.

Experten für Körpersprache sind der Meinung, dass die körperliche Distanz, die Menschen bei der Interaktion mit anderen einhalten, die Dynamik ihrer Beziehung bestimmt. Als Teenager war es mein Lieblingsspiel mit Gleichaltrigen, anhand der Körpersprache zweier Menschen an verschiedenen öffentlichen Orten zu erraten, um welche Art von Beziehung es sich handelte oder welche Gleichung zwischen ihnen bestand.

Das meiste von dem, was ich über emotionale Intelligenz und das Erkennen nonverbaler Hinweise auf die Gedanken, Emotionen und Gefühle anderer Menschen gelernt habe, habe ich aus dieser Übung mitgenommen.

Wenn Sie mit einer Person sprechen, die Ihnen nicht körperlich nahe steht, ist sie möglicherweise emotional nicht aufnahmefähig, offen oder verständnisvoll für das, was Sie zu vermitteln versuchen. Es kann sein, dass sie ihre Abwehr aufrechterhalten oder ihre Gefühle schützen.

Es kann auch sein, dass diese Menschen sich emotional von Ihnen abwenden oder nicht alles für Sie geben. Sie neigen dazu, sich zurückzuhalten, um ihre Verwundbarkeit zu schützen.

Wenn Menschen mehr als nur die nötige physische Distanz wahren, sind sie im Allgemeinen auch emotional abgeschirmt oder verschlossen. Sie müssen auf sie zugehen, indem Sie zusätzliche Anstrengungen unternehmen. Bringen Sie die Menschen dazu, ihre Abwehrhaltung aufzugeben und sich eher wohl als bedroht zu fühlen. Sich körperlich und geistig zu verschließen, kann ein reiner Abwehrmechanismus sein, um nicht verletzt zu werden. Sie betrachten dies als einen unbewussten Akt des Schutzes ihrer Verletzlichkeit.

Im Gegensatz dazu kann eine Person, die sich Ihnen zuneigt, unbewusst kommunizieren, dass sie vertrauensvoll, offen und transparent ist, was ihre Gefühle angeht. Sie sind vielleicht wirklich an Ihnen oder dem, was Sie sagen, interessiert.

## Tonfall

Die Tonhöhe, der Tonfall und die Lautstärke der Stimme einer Person können viel über ihre Gefühle und Emotionen verraten. Wenn Sie z. B. Unstimmigkeiten im Tonfall beim Sprechen feststellen, ist die Person höchstwahrscheinlich wütend, verärgert, verletzt, aufgeregt, ängstlich oder nervös. Haben Sie bemerkt, wie die Stimme einer Person zittert, wenn sie wütend oder nervös ist? Das kann auch ein Hinweis auf eine Lüge sein.

Auch wenn jemand leiser oder lauter spricht als sonst, könnte etwas nicht in Ordnung sein. Der Tonfall einer Person kann einen direkten Hinweis darauf geben, wie sie sich fühlt. Manchmal sagen Menschen Dinge, die wie ein Kompliment klingen. Bei näherer Betrachtung des Tons erkennt man jedoch die wahren Gefühle oder den Sarkasmus dahinter.

Der Tonfall, mit dem eine Person ihre Sätze beendet, sagt viel darüber aus, was sie in Kombination mit passenden verbalen Hinweisen zu kommunizieren versucht. Wenn eine Person ihren Satz zum Beispiel mit einem erhöhten Tonfall beendet, deutet dies auf Zweifel hin. Die Person ist unsicher, zweifelt oder stellt etwas infrage, anstatt eine Aussage zu machen. Wenn eine Person ihren Satz mit einer erhöhten Note abschließt, stellt sie höchstwahrscheinlich eine Frage.

Ähnlich verhält es sich, wenn Menschen ihren Satz mit einem flachen Ton beenden: Sie geben eine Erklärung ab oder sprechen ein Urteil aus. Beobachten Sie, wie Menschen ihre Sätze beenden, um Hinweise auf ihre wahren inneren Gefühle zu erhalten. Achten Sie auch auf die Wörter, die die Menschen betonen. Sie können sehr aufschlussreich sein, wenn es um ihre Gefühle und Emotionen geht.

Wenn jemand z. B. sagt: "Hast du die Jacke gestohlen?", kann das unterschiedliche Bedeutungen haben, wenn die Betonung von einem Wort zum anderen wechselt. Wenn der Sprecher die Betonung auf du legt, könnte das bedeuten, dass er/sie sich fragt, ob der Zuhörer oder jemand anderes die Jacke gestohlen hat. Ähnlich kann die Betonung auf gestohlen darauf hindeuten, dass der Sprecher sich fragt, ob die Person die Jacke nur geliehen oder gestohlen hat. Die Betonung auf "Jacke" könnte wiederum bedeuten, dass der Sprecher sich nicht sicher ist, ob die Jacke gestohlen wurde oder etwas anderes.

Achten Sie auch auf die Pausen dazwischen, um die Gedanken, Gefühle, Absichten und die Haltung einer Person zu verstehen. Wenn eine Person zum Beispiel nach einer Aussage eine Pause macht, glaubt sie vielleicht, dass das, was sie gerade gesagt hat, wichtig oder relevant ist oder dass sie fest an etwas glaubt. Manchmal halten Menschen auch inne, um Feedback, Vorschläge und Bestätigung zu erhalten. Der Sprecher möchte vielleicht herausfinden, wie wir auf das Gesagte reagieren, da es ihm wichtig ist.

Denken Sie an ein Szenario, in dem jemand emotional instabiler oder in einem negativen Gemütszustand erschien. Wie kommt ihre Stimme rüber? Ist sie nicht höher und piepsiger als sonst? Wenn Menschen die Kontrolle über ihre Gefühle verlieren, wird ihre Stimme zittrig. Wenn jemand sehr wütend ist, wird seine Stimme kreischend, fast so, als wäre er kurz davor, in Tränen auszubrechen.

## Geschwindigkeit der Sprache

Dies ist ein weiterer zuverlässiger Indikator für die Gefühle, Gedanken, Handlungen und Absichten einer Person. Eine Person beginnt viel schneller zu sprechen als ihre normale Sprechgeschwindigkeit pro Minute, wenn sie von Emotionen wie Wut, Schmerz und Enttäuschung überwältigt ist. Ein schnelleres Sprechtempo kann mangelnde Planung, fehlende Klarheit, mangelnde

Konzentration und Unsicherheit vermitteln. Die Person fühlt sich beim Sprechen möglicherweise nicht wohl und versucht einfach, die Rede oder das Gespräch so schnell wie möglich zu beenden.

Andererseits kann ein langsameres Sprechtempo auf ein geringes Selbstvertrauen, die Unfähigkeit, Gefühle auszudrücken, und die Auseinandersetzung mit Emotionen hindeuten. Diese Menschen brauchen möglicherweise emotionale Beruhigung und Trost.

## Sammeln von Hinweisen aus der Umgebung

Wenn Sie einen Einblick in den emotionalen Zustand einer Person gewinnen wollen, schauen Sie sich ihre unmittelbare Umgebung an. Ein schmutziger, überladener und unordentlicher Raum kann zum Beispiel einen Mangel an emotionaler Klarheit oder konzentrierten Gedanken vermitteln. Achten Sie darauf, dass Sie alles im Zusammenhang lesen. Manchmal kann ein ungepflegter Raum auch einfach bedeuten, dass die Person zu beschäftigt ist, um das Chaos zu beseitigen. Lesen Sie die Dinge in ihrem Kontext, indem Sie auf eine Reihe von Hinweisen achten, die alle in dieselbe Richtung weisen! Ob Körpersprache, verbale Hinweise oder Signale aus der Umgebung: Lesen Sie Hinweise niemals isoliert. Achten Sie immer auf ein Bündel von Hinweisen, damit Sie genauer lesen können. Ein ordentlicher, sauberer und gut organisierter Schreibtisch kann zum Beispiel bedeuten, dass die Person an einer Zwangsstörung leidet.

Saubere, aufgeräumte und gut organisierte Räume deuten auf einen klaren Geist und klare Emotionen hin. Diese Person ist vielleicht nachdenklich, kontemplativ und introvertiert. Umgekehrt neigen Menschen, die sich mehr auf andere Menschen konzentrieren (extrovertierte Menschen), dazu, sich inmitten des Chaos wohlzufühlen.

Unsere Umgebung wird unweigerlich durch Gedanken, Handlungen und Emotionen beeinflusst, die wiederum durch Gefühle im Unterbewusstsein gesteuert werden. So können beispielsweise helle, kräftige und lebhafte Muster, die großzügig in der Wohnungseinrichtung oder in der Kleidung einer Person verwendet werden, auf Selbstvertrauen, Geselligkeit, Selbstsicherheit und unabhängige Gedanken oder Meinungen hinweisen. Diese Menschen sind höchstwahrscheinlich mutig und haben keine Angst, sich zu äußern. Es kann ein Zeichen für Kontaktfreudigkeit, Freiheitsliebe und emotionale Ausdrucksfähigkeit sein. Diese risikofreudigen Menschen haben ein gutes Gespür für die Gefühle, Wünsche und Bedürfnisse anderer.

Die Verwendung subtilerer Farben ist ein Hinweis darauf, dass sie eher introvertiert oder nach innen gerichtet sind. Diese Menschen sind vielleicht nicht so sehr mit den Gefühlen anderer Menschen verbunden. Ebenso sind Menschen, die an alten Gegenständen festhalten oder übermäßige Gefühle für alte Gegenstände zeigen (Horten), dafür bekannt, dass sie sensibel, hyperemotional und sentimental sind. Es fällt ihnen schwer, sich von vergangenen Emotionen zu distanzieren, und sie werden höchstwahrscheinlich von Schuldgefühlen, Bedauern, Scham und ähnlichen Emotionen im Zusammenhang mit ihrer Vergangenheit überwältigt.

Diese Menschen halten an alten Erinnerungen fest und sind nicht in der Lage, ihre selbstbeschränkenden und zerstörerischen Emotionen loszulassen.

# Kapitel 6: Wie emotionale Intelligenz Ihr Berufsleben für immer verändern kann

Laut einer Umfrage von CareerBuilder unter Personalverantwortlichen gaben fast 75 Prozent der Teilnehmer an, dass für sie der emotionale Quotient eines potenziellen Mitarbeiters wichtiger ist als sein Intelligenzquotient. Hier sind einige Gründe, warum Sie eine hohe emotionale Intelligenz für Ihren beruflichen Erfolg benötigen.

Menschen mit hoher emotionaler Intelligenz sind offener für konstruktives Feedback und Kritik. Sie sind sich ihrer Stärken und Schwächen bewusst. Sie besitzen die Fähigkeit, zuzuhören und zu reflektieren. Auch konstruktive Kritik ist ein wesentlicher Bestandteil Ihres beruflichen Erfolgs und fällt Menschen mit einem hohen emotionalen Quotienten mühelos zu.

Emotional intelligente Menschen können auch in den schwierigsten Situationen ihr Gleichgewicht und ihre Gelassenheit bewahren, was sie zu einer Bereicherung für jedes Unternehmen macht. Sie bewahren auch in stressigen Situationen und unter hohem Druck einen kühlen Kopf.

Menschen mit hoher emotionaler Intelligenz sind gut darin, Konflikte zu lösen, Verhandlungsführer zu spielen und Lösungen zu finden.

Emotional intelligente Führungskräfte sind in der Lage, ihre Teams mit mehr Einfühlungsvermögen und Verständnis zu führen. Sie verstehen die Bestrebungen, die wichtigsten Motivatoren, Wünsche, Ziele und Bedürfnisse der Menschen und nutzen diese unschätzbaren Informationen, um Menschen zu inspirieren und zum Handeln zu bewegen. Sie wissen, wie sie Menschen motivieren und ihre Produktivität steigern können, indem sie die ihnen innewohnenden Emotionen anzapfen.

Emotional intelligente Menschen sind nicht nur hervorragende Verhandlungsführer und Konfliktlöser, sondern auch dafür bekannt, dass sie bessere/vernünftigere Geschäftsentscheidungen treffen. Sie verlassen sich bei schwierigen Entscheidungen ebenso sehr auf ihren Instinkt und ihr Bauchgefühl wie auf Fakten und logische Argumente.

Die Tatsache, dass emotionale Intelligenz in der heutigen Berufswelt eine sehr gefragte Fähigkeit ist, steht außer Frage. Das Beste daran ist, dass die emotionale Intelligenz laut Forschung durch Übung, Training und Umsetzung gesteigert werden kann. Sie ist kein statisches Maß für Ihre Fähigkeiten.

Emotionale Fähigkeiten sind dem Menschen zwar angeboren, aber es gibt eine Menge Dinge, die man tun kann, um das Verständnis und die Wahrnehmung von Emotionen zu verbessern. Dies ist am Arbeitsplatz noch wertvoller, da ein Großteil der Beziehungen und beruflichen

Entscheidungen auf Teamarbeit, Verständnis und Kommunikation beruht.

Hier sind einige wirkungsvolle Möglichkeiten, Ihre emotionale Intelligenz am Arbeitsplatz zu steigern.

1. Üben Sie bei der Kommunikation mit Kollegen, Managern und Teammitgliedern, aufmerksam und konzentriert zuzuhören. Es gibt keinen Ersatz dafür, Menschen zuzuhören, wenn es darum geht, herauszufinden, was sie freiwillig mitteilen und was sie ungesagt lassen. Konzentrieren Sie sich darauf, Fragen zu stellen, um Ihr Verständnis zu überprüfen, anstatt Ihre Antworten zu üben.

Wenn ein Mitarbeiter, ein Vorgesetzter oder ein Untergebener zu Ihnen spricht, fassen Sie alles zusammen, was er gesagt hat, sobald er zu Ende gesprochen hat. Wohlgemerkt, erst nachdem er zu Ende gesprochen hat. Fragen Sie ihn, ob die Zusammenfassung das wiedergibt, was er sagen wollte. So können Sie Missverständnisse und falsch interpretierte Gefühle ausschließen. Wenn Sie ihn nicht richtig verstanden haben, kann er Ihr Verständnis über den Inhalt korrigieren.

2. Stellen Sie relevante und angemessene Fragen, um die wahren Gefühle und Emotionen der Menschen herauszufinden. Fragen Sie die Leute, was sie von einer Information oder einem Vorschlag halten, den Sie zu einer Sache gemacht haben. Machen Sie es sich zur Gewohnheit, Menschen, mit denen Sie arbeiten, immer zu fragen, was sie wirklich empfinden. Fragen Sie Menschen nach ihren

Gefühlen zu einer Sache. Sie werden überrascht sein, wie genau das manchmal sein kann. Emotionen, Bauchgefühle und Intuitionen werden oft auf dem Altar der scheinbar logischen und rationalen Entscheidungen ignoriert.

Intuitionen und Emotionen werden jedoch von unserem Unterbewusstsein gesteuert oder gelenkt, das über mächtige Informationen verfügt, derer sich der bewusste Verstand möglicherweise nicht bewusst ist. Wenn Sie andere Menschen nach ihrem Bauchgefühl fragen und wissen, wie die Dinge laufen, kann Ihnen das helfen, bessere Entscheidungen zu treffen.

3. Manchmal ist es unmöglich zu sagen, wie ein Arbeitnehmer auf eine bestimmte Situation emotional reagiert. Sie wissen vielleicht nicht, wie die Person eine Situation, ein Problem oder eine Herausforderung auf emotionaler Ebene aufgenommen hat. Bitten Sie die Person, es herauszufinden, wenn Sie es nicht herausgefunden haben. Menschen sind nur zu gerne bereit, ihre Emotionen mitzuteilen, wenn jemand danach fragt, insbesondere Chefs und Manager. Dies ist auch eine gute Übung zur Förderung der emotionalen Intelligenz, da Sie der Person nun aufmerksam zuhören.

4. Wie reagieren Sie als Manager oder Chef auf die Kommunikation eines Mitarbeiters? Oder wie reagieren Sie auf die Kommunikation eines Kollegen/einer Kollegin? Achten Sie darauf, dass Sie auf zwei verschiedenen Ebenen reagieren. Sie reagieren auf die Fakten und die zugrunde liegenden Emotionen, Wünsche, Träume, Ziele,

Bestrebungen usw., die die Person zum Ausdruck bringt. Wenn Sie aufmerksam sind und gut zuhören können, erhalten Sie alle Informationen, die Sie brauchen. Wenn Sie die zweite Ebene, bei der es um Gefühle und Emotionen geht, nicht verstehen können, fragen Sie nach, bis Sie alles verstanden haben.

5. Seien Sie klug genug, um zu erkennen, wenn Sie ausgespielt oder ausgenutzt werden. Einige Mitarbeiter an unserem Arbeitsplatz verfügen über eine hohe emotionale Intelligenz. Sie werden immer wieder Ihre Reaktionen analysieren und dabei genau verstehen, was Sie hören wollen. Lassen Sie nicht zu, dass der Aufbau von Beziehungen und Verbindungen für schlechte Zwecke missbraucht wird. Sie sind nicht der Einzige, der Bücher über emotionale Intelligenz und soziale Kompetenz liest. Auch andere eignen sich diese wichtigen Informationen an, und Sie wissen nicht, wie sie sie zu nutzen gedenken.

6. Seien Sie selbstbewusst. Sie müssen nicht jeder Bitte nachkommen, wenn Sie Ihre Prioritäten bereits gesetzt haben. Stellen Sie sich ein Szenario vor, in dem Sie bis zum Hals in Arbeit stecken und ein Kollege Sie bittet, seine Arbeit zu erledigen, weil er früher Feierabend macht. Seien Sie durchsetzungsfähig, und lassen Sie nicht zu, dass man Sie als selbstverständlich ansieht. Wenn Sie keine Lust haben, etwas zu tun, oder einfach keine Zeit haben, um noch mehr Arbeit in einem ohnehin schon vollen Terminkalender unterzubringen, lehnen Sie höflich ab.

Wenn Sie für sich und Ihre Prioritäten einstehen, sind Sie kein schlechter Mensch. Fühlen Sie sich nicht schuldig, wenn Sie Ihren Prioritäten treu bleiben. Seien Sie höflich, entschlossen und zuvorkommend, wenn Sie jemandem eine Absage erteilen. Wenn Sie mehr Zeit brauchen, um sich zu entscheiden, sagen Sie es den Leuten. Wenn Sie einer Aufgabe nicht gewachsen sind, reden Sie nicht um den heißen Brei herum, sondern seien Sie direkt.

7. Konzentrieren Sie sich auch auf Ihr Inneres. Emotionale Intelligenz bei der Arbeit bedeutet nicht nur, sich auf die Emotionen anderer einzustellen und diese zu steuern. Es geht auch darum, sich auf die eigenen Emotionen einzustellen. Analysieren Sie Ihre Reaktionen in verschiedenen emotionalen Situationen bei der Arbeit. Holen Sie sich Feedback von Vorgesetzten, Mitarbeitern und Untergebenen, denen Sie zutrauen, mit einem gewissen Maß an Objektivität und Ausgewogenheit zu reagieren. Es geht darum, unvoreingenommene und vorurteilsfreie Antworten zu erhalten, die ein genaues Bild Ihrer eigenen Gedanken, Gefühle, Emotionen und Verhaltensmuster vermitteln.

8. Holen Sie sich aktiv Feedback von Ihren Managern und Vorgesetzten, auch wenn Sie gute Leistungen erbringen. Fordern Sie sie auf, Ihnen detailliertes und spezifisches Feedback zu den Dingen zu geben, die Sie gut machen und die Sie verbessern können. Fragen Sie sie, was sie von Ihrer Reaktion in einer zunehmend emotionalen Situation halten. Als emotional intelligenter Arbeitnehmer sollten Sie in der

Lage sein, nachhaltige und starke Beziehungen an Ihrem Arbeitsplatz aufzubauen.

# Schlussfolgerung

Vielen Dank, dass Sie mein Buch heruntergeladen haben.

Ich hoffe, Sie hatten Spaß bei der Lektüre und konnten die Feinheiten der emotionalen Intelligenz, des Selbsterkennens und der sozialen Beziehungen kennenlernen. Ich hoffe auch, dass es Ihnen viele umsetzbare Ideen, praktische Tipps und Weisheiten zur Steigerung Ihres emotionalen Quotienten oder Ihrer emotionalen Intelligenz bietet.

Das Beste daran ist, dass der emotionale Quotient - anders als der Intelligenzquotient - durch regelmäßiges Üben, Training und Anwendung entwickelt werden kann. Die Verbesserung Ihrer emotionalen Intelligenz ist ein kontinuierlicher und dynamischer Prozess, der Ihnen nur dabei hilft, Ihre emotionalen und sozialen Fähigkeiten mit der Zeit zu verbessern.

Der nächste Schritt besteht darin, einfach hinauszugehen und all die bewährten Strategien anzuwenden, die in diesem Buch erwähnt werden. Sie können nicht über Nacht emotional intelligenter werden, indem Sie darüber lesen. Wenden Sie die im Buch erwähnten Techniken in Ihrem täglichen Leben an, um hervorragende Ergebnisse zu erzielen!

Sie werden sich allmählich von einem emotional inkompetenten Menschen, der mit seinen eigenen Emotionen und denen anderer Menschen kämpft, in einen emotional entwickelten und sozial versierten Menschen verwandeln, der bessere zwischenmenschliche Beziehungen und beruflichen Erfolg im Leben haben wird.

Wenn Ihnen das Buch gefallen hat, nehmen Sie sich bitte die Zeit, uns Ihr Feedback mitzuteilen, indem Sie eine Rezension schreiben. Wir würden uns sehr darüber freuen!

Printed in France by Amazon
Brétigny-sur-Orge, FR

11832890R00083